总顾问：王明哲

总主编：张 量

历史不能忘记系列

新四军抗战

陈 洋◎著

中国民主法制出版社

2015年·北京

图书在版编目（CIP）数据

新四军抗战/陈洋著．—北京：中国民主法制出版社，
2015.7

（历史不能忘记系列）

ISBN 978-7-5162-0936-3

Ⅰ.①新…　Ⅱ.①陈…　Ⅲ.①新四军—抗日斗争—
史料—青少年读物　Ⅳ.①K265.106

中国版本图书馆 CIP 数据核字（2015）第 180334 号

历史不能忘记系列
张量　主编
图书出品人： 刘海涛
出 版 统 筹： 赵卜慧
责 任 编 辑： 吕发成　陈棣芳　胡百涛

书名/ 新四军抗战
作者/ 陈洋　著

出版·发行/ 中国民主法制出版社
地址/ 北京市丰台区玉林里 7 号（100069）
电话/ 63055259（总编室）　63057714（发行部）
传真/ 63056975　63056983
http：// www.npcpub.com
E-mail： mzfz@npcpub.com
经销/ 新华书店
开本/ 32 开　880 毫米 ×1230 毫米
印张/ 7 **字数/** 141 千字
版本/ 2023 年 3 月第 2 次印刷
印刷/ 涿州市荣升新创印刷有限公司

书号/ ISBN 978-7-5162-0936-3
定价/ 49.80 元
出版声明/ 版权所有，侵权必究。

中国出版集团旗下中国民主法制出版社，将在中国人民抗日战争暨世界反法西斯战争胜利70周年之际，修订再版"历史不能忘记"系列丛书，我感到非常高兴。当年我参加组织编写了这套丛书，得到了社会的认可。在老一辈无产阶级革命家杨成武同志为第一版作序后，由我为再版作序。虽然水平有限，然出版社坚持，也只好尽力而为了。

1993年以后，日本国内的右翼势力开始猖獗，日本政局也开始出现右倾化的动向，不时上演参拜靖国神社、篡改历史教科书、否定南京大屠杀，为日本侵华战争涂脂抹粉，企图推卸战争责任的闹剧。前事不忘，后事之师。要让中国人民和世界人民永远牢记这段历史，尤其要让青少年从小就了解、记住这段历史。在我国国内，虽然抗日战争方面的图书资料很多，却难见一套比较系统地对青少年进行抗日战争方面的爱国主义教育的丛书。1998年初，中国民主法制出版社的编辑赵卜慧等同志策划了"历史不能忘记"系列丛书。受出版社邀请，我组织时任中国社会科学院近代史研究所所长、《抗日战争研究》杂志主编、中国抗日战争史学会副会长张海鹏，中国第二历史档案馆馆长、中国抗日战争史学会理事周忠信，中国人民大学中共党史系主任、博士生导师陈明显，中国人民抗日战争纪念馆编研部主任、中国抗日战争史学会常务理事、研究员张量和中国人民解放军军事医学科学院研究员、细菌学专家郭成周以及对抗日战争史有深入研究的专家学者，精心编写了这套丛书。这套丛书收录了大量的史料和图片，有些是首次公之于众的，揭露了日本侵略中国所犯下的滔天罪行，如南京大屠杀、日军细菌部队罪行等；讴歌了中国人民浴血奋战，与日本侵略者血战到底的气壮山河、可歌可泣的民族精神，如八一三淞沪会战、台儿庄战役、百团大战等。该丛书第一版推出 12 本，于 1999 年 9 月出版。丛书出版后在读者中引起了很好的反响，当年就名列共青团中央"中国新世纪读书计划第 7 期新书推荐榜"，并被列为上海市中小学生图书馆必备书目，荣获第 9 届上海市中小学生优秀课外读物三等奖。

近几年，日本政府在右倾化的道路上越走越远，尤其是安倍上台以后，不但矢口否认历史，而且否认对侵略历史表示歉意的"村山谈话"，挑起诸多事端，解禁集体自卫权，对外出售武器，动摇日本战后和平宪法的根基，加快日本军国主义的复活，引起世界各国尤其是曾经遭受日本军国主义铁蹄蹂躏的亚洲邻国的高度警惕。

　　为了铭记历史、缅怀先烈、珍视和平、警示未来，2014 年 2 月 27 日，全国人大常委会通过了《全国人民代表大会常务委员会关于确定中国人民抗日战争胜利纪念日的决定》，以法律的形式，将每年 9 月 3 日确定为中国人民抗日战争胜利纪念日；2014 年 4 月 10 日，又通过了《全国人民代表大会常务委员会关于设立南京大屠杀死难者国家公祭日的决定》。今年是中国人民抗日战争暨世界反法西斯战争胜利 70 周年，我国将在纪念日举行空前盛大的阅兵活动，向世界宣示中国维持战后世界秩序的坚定决心。

　　在此之际，修订再版"历史不能忘记"系列丛书，充分体现了中国民主法制出版社的担当意识和责任精神。丛书站在新的历史方位，挖掘和整理最新史学研究成果和文献资料，由初版 12 册增加到 22 册，内容更加丰富，事实更加清晰，范围更加广阔，尤其是把儿童抗战、文化抗战、台湾抗战、空军抗战、海军抗战等鲜为人知的抗战史料呈现在读者面前。不难看出策划者把这套丛书作为精品工程精心来打造的良苦用心。

　　2014 年 7 月 7 日，习近平总书记在纪念全民族抗战爆发 77 周年仪式上指出，历史是最好的教科书，也是最好的清醒剂。中国人民对战争带来的苦难有着刻骨铭心的记忆，对和平有着孜孜不倦的追求。中国的抗日战场，是世界反法西斯战争的东方主战场，中国抗日战争的胜利，为世界反法西斯战争作出了积极贡献。中国抗日战争的胜利，是中国近代以来第一次取得的反对外来侵略的彻底胜利，一雪百年屈辱历史，它是中华民族由衰败走向振兴的重大转折。

实现民族复兴的中国梦，是每一位中华儿女共同的历史使命。中华民族的伟大复兴、美丽中国梦的实现，许多道理需要让历史告诉未来。中国人民会铭记这段历史，以史为鉴，时刻保持清醒头脑，警惕日本军国主义的死灰复燃，牢记"落后就要挨打，就要受人欺负"的教训，紧密地团结在以习近平为总书记的党中央周围，发奋图强，努力学习和工作，把我们的国家建设得日益繁荣富强，为早日实现中华民族伟大复兴的中国梦而努力奋斗。

中央档案馆原馆长
中国档案学会原理事长
中国抗日战争史学会原副秘书长　王明哲

2015年5月

　　抗日战争，这是个历史性和现实性都很强的话题。

　　说它具有很强的历史性，那是因为，这场战争的爆发距今毕竟已有62年。时至今日，战争的硝烟早已散尽，在和平共处五项原则的基础上，中日两国正面向未来，致力于建设和平与发展的友好合作伙伴关系。至于有关反映抗日战争的文章和书籍，60多年来则更是难计其数。

　　说它具有很强的现实性，则是由于：其一，抗日战争毕竟是自1840年鸦片战争以来，帝国主义列强发动的历次侵华战争中最残酷的一场战争，也是中国人民反抗外来侵略最坚决并最终取得全面胜利的一场战争。这场惨绝人寰的侵略战争造成了3500万中国人的伤亡，造成了1000亿美元的直接财产损失，使千百万中国人流离失所。这么一场空前的民族大灾难，无论如何不应该也无法从人们的记忆中抹去。其二，抗日战争虽然早已结束，但它给我们留下许多血的教训：得道多助、失道寡助。尽管有一时的强弱之别，然而玩火者必自焚，正义终将战胜邪恶；贫穷、落后就要挨打，就会受人欺辱，只有国家富足强盛,才能人民安居乐业……所有这些,都将犹如警钟长鸣,时时警示着世人。其三,人总是要有点精神的。中华儿女在这场民族灾难中所表现出来的浴血奋战、不怕牺牲的抗战精神,作为一种极其宝贵的精神财富,无论时间再久远,都将永久地熠熠生辉、光芒四射。在和平的年代里,在社会经济建设中,我们仍然需要弘扬这种宝贵的民族精神。其四,随着时间的推移,抗日战争渐渐成为历史,年青的一代只能从历史书籍、从教科书中去了解这场战争的真相了。也正因为如此,在日本,总有那么一些人不时地挑起事端,他们或在教科书问题上大做文章,或在日军侵华史实上黑白颠倒,企图篡改历史,误导后人。历史霎时间似乎成了一个任人打扮的小女孩。为此,要不要把这场战争的本来面貌告诉世人特别是年青的一代,显然成了摆在每一个史学工作者面前的现实问题。

有鉴于此,中国民主法制出版社约请了长期从事抗日战争问题研究、占有大量客观资料的专家学者,历时数载,撰写了这套"历史不能忘记"丛书。丛书本着对历史负责,对后人负责的态度,严格尊重史实,凭借事实说话,分《以史为鉴 面向未来》《九一八事变》《七七卢沟桥事变》《八一三淞沪会战》《平型关战役》《台儿庄战役》《南京大屠杀》《百团大战》《日军细菌战》《中国空军抗战》《中国海军抗战》《中国抗日远征军》

《抗日英烈民族魂》《华侨支援祖国抗战纪实》《国际友人与抗日战争》《华北抗日》《华东抗日》《华南抗日》《抗战中的延安》共 19 个分册，全方位多角度、系统客观地披露和介绍了抗日战争的爆发背景以及发动经过、侵华日军在战争中所犯下的滔天罪行、中国军民抗击侵略者的著名战役、献身于抗战的民族英烈等。其中，一些材料和观点尚属首次公开发表。

日本的一位首相曾经说过："我们无论怎样健忘，也不能忘记历史。我们可以学习历史，但不能改变历史。"作为一种民族灾难，抗日战争过后的今天，无论是挑起这场战争的加害国还是遭受侵略的被害国，惟有正视史实，以史为鉴，才能更好地面向未来，防止悲剧再度发生。而再现历史真相又是问题的逻辑前提。我想，这恐怕正是撰写和出版这套丛书的目的所在吧。

作为抗日战争的亲身经历者，我愿意把这套丛书推荐给需要了解和应当了解这段历史的人们。

杨成武

1999 年 4 月 4 日

▶ 前　言

新四军，即国民革命军陆军新编第四军，是抗日战争时期一支由中国共产党领导的抗日武装力量。新四军是在日本军国主义发动全面侵华战争，中华民族面临前所未有的危机的情况下，国民党与共产党进行了历史上第二次合作，将南方八省14个地区红军游击队改编组成了新四军。新四军成立以后，进行了系统的整训，随后潜入敌后，开展了广泛的、富有群众基础的游击斗争。新四军与正面战场的中国军队相互呼应，相互配合，使日本侵略者腹背受敌，顾此失彼，粉碎了日军"速战速决""以战养战"的战略企图。特别是抗日战争进入相持阶段以后，敌后战场成为对日斗争的重要战场，新四军成为对日斗争的重要力量。在八年的抗战中，新四军在斗争中不断锻炼，不断成长，不断壮大，从最初的万余兵力，发展到拥有主力21万余人的富有战斗力的部队。新四军还建立了八个抗日民主根据地，最多的时候抵抗和牵制了16万日军。新四军为中国抗日战争和世界反法西斯战争的伟大胜利，作出了重要的贡献。

2015年是中国抗日战争暨世界反法西斯战争胜利70

周年，为了缅怀新四军在抗日战争中的丰功伟绩，"历史不能忘记"丛书编辑组策划《新四军抗战》这本小书，力图将新四军在抗日战争中为国家独立、民族解放而浴血奋战、前仆后继、顽强拼搏的历史画面展现给读者。

关于新四军，学术界已经做了大量的研究，取得了丰硕的成果。本书重点参考了《中国人民解放军历史资料丛书·新四军卷》（包括《综述·大事记·表册》《文献》《参考资料》《图片》分册）、《新四军战史》、《新四军征战日志》、《新四军抗日战争战史》等专门研究新四军的专著，以及《中国人民解放军军史·第二卷》《中国人民解放军战史·第二卷》等总体介绍中国共产党领导的军事力量在抗战时期的历史贡献的综合性专著书籍，笔者在其基础上，将其整合改编而成。

本书分为四个大部分，第一部分为总叙部分，总览式地介绍新四军抗战的内容：分为新四军的诞生与建立、新四军驻各地办事机构及在抗日根据地中的作用、新四军的对日战斗三章，"新四军的诞生与建立"主要介绍新四军的诞生背景和建立后的军事组创建工作；"新四军驻各地办事机构及在抗日根据地中的作用"介绍新四军驻各地办事机构和抗日根据地，其是新四军对日斗争的重要组成部分，在不同时期都发挥了相当程度的作用；"新四军的对日战斗"主要介绍新四军对日的军事战斗。第二部分为大事记，记载了从成立到抗战胜利为止，新四

军所发生的重要变动和重大事件。第三部分为新四军重
要抗日战役战斗统计表，以时间顺序排列，记录了新四
军重要的抗日战役战斗名称、战斗时间、作战双方兵力
和战斗结果。第四部分为抗战时期新四军的主要组织序
列表。本书以辩证唯物主义和历史唯物主义为标准，紧
扣新四军抗战这一主题，时间段限为新四军成立到日本
投降，内容上与抗战无关的概不涉及。在称号和称呼方
面，笔者改变以往对国民党的敌对称呼，在书中使用客
观的全称，反应客观的历史事实。

　　本书的付梓，除了内容上得益于前辈的研究成果外，
还要感谢中国民主法制出版社的帮助，张量老师的悉心
指导，爱人段建锋的大力支持，家人的理解。在此致以
深切的感谢。

　　由于笔者能力有限，书中难免存在不妥之处，还望
各位读者见谅，并提出宝贵的意见和建议。

▶ 目 录

附录

新四军的诞生与建立

◎ 民族危机加深，新四军建立

　　20 世纪以来，日本加紧侵略中国的步伐，1931 年发动九一八事变，侵占我国东三省，之后又向华北步步紧逼。1937 年 7 月 7 日，卢沟桥事变后，日本帝国主义开始了全面侵华战争，中华民族进行了全民族的反抗。1937 年 8 月 22—25 日，中共中央在陕西洛川召开政治局扩大会议，通过了《关于目前形势与党的任务的决定》和《抗日救国十大纲领》。根据洛川会议的精神，一方面，中共中央令八路军迅速向华北敌后挺进，广泛开展游击战争；另一方面，根据形势的发展和国民党政策的转变，加紧同国民党就南方红军游击队改编为抗日武装的问题进行谈判。1937 年 9 月 22 日，国民党中央通讯社发表了《中共中央为公布国共合作宣言》，次日蒋介石发表谈话，开启了国共第二次合作，聚合了全民族的力量一致对外。最终于 1937 年 10 月达成协议，将南方八省（江西、福建、广东、湖南、湖北、安徽、浙江和河南）14 个地区（赣粤边、闽赣边、闽西、闽粤边、皖浙赣边、浙南、闽北、闽东、闽中、湘鄂赣边、湘赣边、湘南、鄂豫皖边、鄂豫边）的红军游击队改编为国民革命军陆军新编第四军。

1937 年 8 月 1 日，中共中央根据全国政局的变化，发出了《关于南方各游击区域工作的指示》，指示南方各个红军游击队"在保存与巩固革命武装、保障党的绝对领导的原则下"，可以与国民政府军事委员会当局进行谈判，"改变番号与编制以取得合法地位"①，在新的条件下为执行共产党的路线而斗争。

在此前后，周恩来在参加第二次庐山国共谈判后赶赴上海，会见了刚从澳门回到上海，风尘仆仆、怀着强烈抗日救国热情的叶挺。周恩来请叶挺出面集合南方各省的红军游击队，将南方红军游击队形成合力，在日军占领区域内开展抗日游击战争。被誉为"北伐名将"的叶挺，在参与领导南昌起义和广州起义失败以后，流亡海外，而到 1937 年时已经不再是共产党员了，考虑到能更容易地被国民党接受，便由叶挺出面主持改编南方红军游击队。叶挺接受委托，并在淞沪会战进行之时，通过正在上海指挥作战的第三战区②前敌总指挥陈诚，向蒋介石提出了将南方红军游击队改编为一个军的建议，并提议将改编后的部队称为新四军，寓意为继承北伐战争时期第四军的优良传统和国共两党的再次合作。1937 年 9 月 28 日，蒋介石任命叶挺为陆军新编第四军军长。10 月 6 日又电告国民政府江西省政府主席熊式辉：鄂豫皖边、湘鄂赣边、赣粤边、浙闽边和闽西边等红军游击队均编入新四军，由叶挺编遣调用。10 月 12 日，熊式辉向外界转发了蒋介石 10 月 6 日电报。从 1939 年新四军成立两周年起，新四军领导人一致认定 10 月 12 日为新四军成立纪念日。

----

① 中国人民解放军历史资料丛书编审委员会编：《新四军·文献》(1)，解放军出版社 1994 年版，第 12 页。

② 1937 年 8 月 20 日，国民政府军事委员会确定将全国划分为五个战区。上海、苏南、浙江为第三战区。

◎ 新四军军部的组建和改编

为了尽快把分散在南方各地的红军游击队集中起来，组成新四军，开赴抗日前线，从 1937 年 10 月至 12 月，国共两党先后在南京、南昌、武汉继续就新四军的建制、编制、干部、装备、经费等问题，进行了多次协商，为新四军的筹建进行了紧张而又艰巨的工作。

在编制问题上，国共两党经过反复商讨，最后共产党提出编一个军，军以下不设师、旅，军部直辖四个游击支队，每个支队设两个团，隶属八路军。国民政府军事委员会总体上同意这个方案，但不同意新四军由八路军总部指挥，最后确定隶属于第三战区，第四支队则由第五战区①管辖。在干部配备问题上，国民政府军事委员会要抽调中央军军官担任新四军各支队营以上的军官，但遭到了共产党的坚决拒绝。经多次协商，直到 1938 年 1 月 8 日，国民政府军事委员会才核准通过共产党提出的支队以上干部名单。在薪饷和装备问题上，国民政府军事委员会以中央经费吃紧、武器困难为由拒绝了共产党提出的新四军同中央军一样待遇的要求，新四军的主要经费由自己解决，不发武器弹药。后来，周恩来同何应钦商定了新四军的薪饷、装备标准，稍次于国民政府中央军的标准。

1937 年 11 月 12 日，叶挺从延安回到武汉，第二天便对报界发表谈话，揭露日本帝国主义侵略中国的罪行，强调"只要

---

① 1938 年 1 月 17 日，国民政府军事委员会确定将全国划分为六个战区。第五战区辖津浦铁路沿线地区。

团结一致，前途一定是胜利"①。这是叶挺第一次以新四军军长的身份公开亮相。随后，叶挺又赶赴南京，于 21 日同叶剑英一起拜见了蒋介石，会面时主要商讨新四军的编制及任务等问题。几天后，叶挺返回武汉，在汉口大和街 26 号筹建新四军军部。为了充实新四军力量，叶挺以满腔热忱，四处奔走，利用其广泛的社会关系，在南昌、广州、香港、澳门、粤东和闽西等地，募集经费，筹集武器、药品等军需用品，并宣传抗日民族统一战线，动员愿为抗战出力的国民革命军退役军官、无党派人士、医生、文化工作者和其他知识分子，为新四军工作。

▲武汉的新四军军部旧址，汉口大和街 26 号。

12 月 14 日，中共中央政治局会议作出决定：撤销中共中央分局，成立中共中央东南分局和中共中央革命军事委员会新四军分会，以项英、曾山、陈毅、黄道、方方、涂振农为中共

① 新四军战史编委会：《新四军战史》，解放军出版社 2000 年版，第 16 页。

中央东南分局委员，项英为书记，曾山为副书记。军分会以项英、陈毅、张鼎丞、曾山为委员，以项英为书记，以陈毅为副书记。12 月 23 日，项英到武汉，与叶挺等人商讨和部署新四军的组编工作。12 月 25 日召开了新四军干部大会，出席大会的人员除了叶挺、项英等主要领导人外，还有部分游击区的领导人，中共中央派来的第一批干部，如赖传珠、李子芳等，以及叶挺动员来新四军工作的军事、医务人员和文化工作者，如朱克靖、叶辅平、沈其震等，共 50 余人。会上，叶挺、项英分别以抗日战争形势和新四军的任务为题做了重要讲话。这次会议标志着新四军军部的正式成立。

12 月 27 日，项英就新四军的编制和主要干部的配备等问题致电毛泽东、张闻天等中央领导。次日，中共中央批准了新四军编四个支队和支队以上干部人选。随后报送国民政府军事委员会核定，最后任命项英为副军长，张云逸为参谋长，袁国平为政治部主任，周子昆为副参谋长，邓子恢为政治部副主任。四个支队的主要干部是：第一支队司令员陈毅，副司令员傅秋涛；第二支队司令员张鼎丞，副司令员粟裕；第三支队司令员张云逸（兼），副司令员谭震林；第四支队司令员高敬亭。

1938 年 1 月 6 日，新四军军部驻地从武汉转移到了南昌，司令部各处、各科，政治部的各部、各科陆续健全起来。主要的干部有：司令部参谋处处长赖传珠，军法处处长李一氓，副官处处长黄序周，军需处处长叶辅平，军医处处长沈其震，政治部秘书长黄诚，组织部部长李子芳，宣传部部长朱镜我，民运部部长邓子恢（兼），敌工部部长林植夫，战地服务团团长朱克靖。后来又成立了教导总队，队长由周子昆兼任。

新四军军部和四个支队组成后，即对南方各省游击队进行编组。1938年2月6日，新四军接到国民政府军事委员会和第三战区的命令，要第一支队、第二支队、第三支队集中在皖南歙县岩寺镇一带整训。为此，军部立即制订方案，规定各部队集中的时间、路线、地点，并命令部队分头并进，兼程前往。军部于4月4日离开南昌，5月进驻岩寺镇。

▲ 在皖南岩寺镇集中的新四军部队进行战前动员

▲ 在皖南岩寺镇集中的新四军部队

湘鄂赣边红军游击队改编完成，团长傅秋涛（兼），副团长江渭清。该团从湖南省平江县嘉义出发，3月初到达岩寺西北的潜口。第2团主要由赣粤边、湘赣边、皖浙赣边和湘粤赣边红军游击队①改编而成，团长张正坤，副团长刘培善。2月，分别从江西省莲花县垄上、大余县池江、浮梁县（今景德镇市）瑶里等地出发，3月到达岩寺。

第二支队辖第3团、第4团，共1800余人。第3团主要由闽西、闽赣边红军游击队组成，团长黄火星，副团长邱金声。第3团3月1日从福建省龙岩县白土出发，4月初到达潜口。第4团主要由闽粤边、闽西、浙南红军游击队改编而成，团长卢胜，副团长叶道志。闽粤边和闽西红军游击队3月1日从龙岩县白土出发，4月初到达潜口。浙南红军游击队3月18日从浙江省平阳县山门镇出发，4月18日到达岩寺镇。

第三支队辖第5团、第6团，共2100余人。第5团由闽北红军游击队改编组成，团长饶守坤，副团长曾昭铭。2月25日从江西省铅山县石塘镇出发，4月初抵达岩寺。第6团主要由闽东红军游击队改编组成，团长叶飞，副团长阮英平（后吴焜）。2月14日从福建省屏南县双溪、棠口出发，4月初到达岩寺镇。

第四支队辖第7团、第8团、第9团和手枪团，共3100余人。第7团主要由红二十八军第82师第224团第1营及部分便衣队和新兵改编组成，团长杨克志，政治委员曹玉福。第8团主要由鄂豫边红军游击队改编组成，团长周骏鸣，政治委员林恺。第9团主要由红二十八军第82师特务营、鄂东北独立团

---

① 湘粤赣边红军游击队，即由游世雄率领的湘粤赣边游击支队，是湘南游击区的游击武装之一。

和部分便衣队及新兵改编组成，团长顾士多，政治委员高志荣。手枪团主要由红二十八军手枪团、部分便衣队和新兵改编组成，团长詹化雨，政治委员汪少川。3月8日，第四支队在湖北省黄安县（今红安县）七里坪召开东进誓师大会。会后，高敬亭率第7团、手枪团从七里坪出发，经河南省经扶县（今新县）、商城县，中旬到达皖西霍山县流波礄。3月10日，第9团从七里坪出发，随后到达流波礄。稍后，第8团从河南省信阳县邢集誓师东进，与支队部会师。

军部特务营由湘南、闽中红军游击队改编组成，共400余人。湘南红军游击队于4月11日从湖南省耒阳县江头出发，中旬到达岩寺。闽中红军游击队于4月下旬从福州洪山桥出发，5月18日到达太平。

在短短的两个月时间内，分散在南方八省40几个县的红军游击队，除广东琼崖地区的游击队外，胜利完成了下山、开进、集中整编为新四军的艰巨任务。新四军整编后，下辖四个支队，十个团，一个特务营，全军超过1万人，6200多支枪。虽然部队人数不多，装备落后，但绝大部分是在长期的游击战争中保存下来的精英，还有一批中共中央派来的经历过长征的干部，是忠于祖国、忠于民族的优秀儿女。从此，新四军这支人民武装，在中国共产党的领导下，在抗日战争的烽火中，由小到大，由弱到强，逐步发展成为华中地区敌后抗战的中坚力量。

◎ 新四军的部队建设

新四军自成立以来，为适应抗战的新任务、新环境和新形势，在一面作战，一面建军的思想指导下，大力开展部队的全面建设，健全各级各类组织，加速部队正规化，不断提高部队的战斗力，为全身心投入抗战打下坚实的基础。

1. 军事建设

在军事干部培养方面

新四军最初由长期分散游击的南方红军游击队组成，组编成一个独立作战的部队，由于长期处于恶劣的环境，缺乏系统的正规的军事政治教育，而且后加入新四军的干部有一部分是从沦陷区和大后方来投奔新四军的知识分子、青年群众，这些人虽然有抗日热情，但同时迫切需要系统的正规的军事政治教育，完成从群众到抗日军人的转变。所以新四军在建军伊始就抓紧干部培养。新四军的干部培养主要依托抗大分校等军事院校，除此之外，新四军还成立了教导队，培养干部。1938年1月，军部开始筹建军直属队教导队。2月15日，军教导队第一期培训在南昌举行开学典礼。典礼上项英发表重要讲话，要求教导队借鉴学习抗大的办学经验，并结合新四军的实际情况来设置课程，培养干部。4月，教导队在皖南歙县岩寺镇扩编为教导营。9月，根据中共中央军委的指示，教导营又进一步扩编为教导总队，周子昆兼总队长，袁国平兼政治委员，下设军事、政治两个大队、六个队，加上总队部直辖的上干队（营团以上干部）、文化队、工兵队、青年队（第七队）、女生队（第八队）、机炮队等，最多时达13个队，共1200余人。教导总队贯彻延安抗大的办学方针和教育方针，培训团、营、连、排干部，并对新参军的知识分子、青年群众进行短期集训。至1941年1月前，教导总队先后办了五期，共培训新四军各级干部近5000人。与此相呼应的是，支队、团也都建立了各自的教导大队、教导队。干部的培养训练对新四军的建设和发展起到了至关重要的作用。

▲教导总队第十三队（青年队）在进行射击训练

在参谋工作方面

参谋工作是军事工作的重点，在初创之际，新四军便初步建立参谋工作系统，即着手制定统一的规章制度，调集有作战经验的干部做参谋工作，编写军事训练教材，加强对参谋工作人员的教育与培训等。1938 年 6 月 22 日，新四军军部在安徽省南陵县土塘召开了第一次参谋工作会议，会上，张云逸作了《参谋工作建设》的报告。1939 年 3 月 18—24 日，第二次参谋工作会议在泾县云岭召开，叶挺发表了《现代战争的性质特点与指挥》的讲话，项英作了题为《一年来作战的经验与本军建军工作》的报告，周子昆作了题为《一年来参谋工作总结与今后任务》的报告，袁国平重点强调了参谋部门、政治部门的关系与协同问题。大会通过了新四军《参谋工作条例》和《军事工作条例》。这两次会议的召开，有力地提高了新四军参谋工作的水平。

▲叶挺在参谋工作会议上代表《现代战争的
性质特点与指挥》的讲话

在军事教育方面

军事教育是提高官兵军事素质的重要方法，所以新四军很
早就成立了以周子昆为主任的军事教育委员会，专门负责新四
军的军事教育工作。叶挺还亲自给部队官兵授课，指导部队进
行科学系统的军事训练。项英的《一年来作战的经验与本军建
军工作》，陈毅的《茅山一年》《论游击战争》等讲话稿或著
作，成为新四军军事教育的重要理论教材。在军事训练方面，
新四军主要利用行军和作战间歇期，进行全军范围的刺杀、射
击、投弹等技术训练，同时根据新四军的实际情况，重点进行
警戒、伏击与反伏击、侦察、袭击与反袭击、防空、打敌据
点、破击战等战术的演练。做到每打一仗，都要认真地总结实
战中成功的经验和失败的教训，始终贯彻从战争中学习战争的
方针，并运用战争中总结的方法对新四军官兵进行教育，提高
新四军整体的战术水平。另外，新四军通过军事体育活动推动

军事训练。1939 年 5 月 30 日，全军体育运动会召开。周子昆在开幕式上指出："建军必先健人"，"军队中的体育是为巩固与提高战斗力的主要工作之一，是根据战争和军队的要求而进行体育的。"① 除此之外，新四军还经常组织障碍赛跑、越野长跑、游泳、划船、拔河、器械、体操、球类等项目的竞赛，提高了广大官兵参与运动的兴趣，增强了官兵的身体素质，提高了新四军的战斗力。

▲新四军正在进行男子跳远比赛

2. 政治建设

由于新四军是由分散在各地的游击队组成，宗派主义和山头主义等不良习气在某些人身上体现得很明显。为了消除

① 中国人民解放军历史资料丛书编审委员会编：《新四军·文献》（1），解放军出版社 1994 年版，第 773 页。

这种游击习气，新四军从一开始便把政治思想工作放到重要的位置。新四军各支队于 1938 年 2—4 月陆续抵达皖南、皖西，各部队集结后，立即进行以形势和任务为重点内容的短期政治教育。新四军政治部把毛泽东的《中国共产党在抗日时期的任务》《反对日本进攻的方针、办法和前途》等报告和文章作为教材印发给全体官兵学习，使各级官兵们明确了执行统一战线政策，坚决进行抗日斗争的重要意义与方法。学习活动整顿部队作风，增强了内部团结，摒弃了封建残余。为了能保持和发扬部队原有的优良传统，将"保持发扬优良传统"这八个字，作为其中八个团的对外代号，即第 1 团称保团，第 2 团称持团，第 3 团称发团，第 4 团称扬团，第 5 团称优团，第 6 团称良团，第 7 团称传团，第 8 团称统团。在随后的 6 月 17—19 日，新四军政治部在南陵县土塘召开了第一次政治工作会议，会上总结了政治工作的成绩与不足，确立了战时政治工作的基本方针、工作制度和工作系统。1939 年 2 月 9—18 日，军政治部在皖南泾县云岭召开第二次政治工作会议，副军长项英和政治部主任袁国平分别作了报告。会议明确了全国抗战进入新阶段后政治工作的方针和任务。其基本方针是，保持和发扬优良传统，保证新四军的团结与战斗力，为争取全国抗战最后胜利和中华民族彻底解放而奋斗到底。其基本任务是，巩固中国共产党的领导，深入进行政治教育，建立健全政治工作制度。以上的各种努力使新四军从思想政治上完成了从分散到整合的转变，同时凝聚起了统一的抗日热情。

新四军集结时，共产党员的数量约占全军人数的25%，一些班排没有党员，有的连队没有党支部。经过加强组织建设，到 1939 年初，共产党员已占全军人数的40%，做到连有支部，团有总支部，支队建立党务委员会，为贯彻执行中国共产党的路线、方针、政策提供了组织保证。7月16日至8月4日，中国共产党新四军第一次代表大会在云岭石头尖村召开。项英作了《对三年游击战争的总结》报告，袁国平作了《过去党的工作总结及今后党的建设》报告。会议回顾了三年游击战争中党的工作，总结了新四军成立以来党的工作成绩和经验，讨论了在新四军中坚持党的领导的意义和特点；明确了新四军党组织在抗战新形势下的任务是，坚决贯彻执行中共中央的路线、方针、政策，坚持大江南北的抗战，提高党员质量，巩固党的组织，发挥党员在建军中的作用，保证前线不断取得战斗的胜利。这次会议的召开，对于坚持中国共产党对新四军的绝对领导起到了重要作用。

对于社会各界群众，新四军十分重视，并积极发挥知识分子在参与抗战中的作用。仅仅1938年7月至1939年初的半年间，在上海的中共江苏省委以"疏散难民""移民垦荒"的名义，组织了三批共约1000人参加新四军，这1000人中大多数是技术工人和知识青年。包括新闻工作者、教育家、画家、作家、戏剧家、舞蹈家、音乐家、无线电技师、医生、护士在内的社会各界人士，参加了新四军的宣传队、慰问团、服务团，大批知识分子加入新四军，使部队的文化素质得到了空前的提高。新四军政治部将这些文艺文化知识分子组织成战地服务团，跟随部队深入群众，以文艺为武器，一边走路，一边写，一边歌唱，一边画。特别是由陈毅作词、何士德作曲、融合了集体智慧的《新四军军歌》，唱出了新四军官兵深入敌后抗战到底的心声，起到了鼓舞官兵士气、激励群众抗日的作用。

新四军中，青年官兵占总人数的60%以上，所以新四军非常重视青年在新四军所占的重要地位。为了更好地发挥青年官兵在作战和部队建设中的突击作用，1939 年 11 月 12—20 日，新四军召开了第一次青年代表大会。袁国平在会上作报告，号召新四军青年"一切为了战争的胜利"，要成为部队的骨干，在战斗中要起突击作用。会议通过了《新四军青年队章程》。会后，在全军开展青年工作竞赛评比，鼓励青年官兵发挥更大的作用。

新四军非常重视女干部、女战士的培养。新四军中女军人数量不多，但她们中不少人是冲破各种束缚或放弃舒适安逸生活而毅然投身抗日斗争的，所以新四军非常重视发挥她们在抗日中的特殊作用：她们广泛分布在医护、电讯、机要、会计、文艺、文教、宣传、速记、民运等岗位上，作出自己特殊的贡献。1940 年三八国际妇女节，新四军举行了庆祝会，会上表彰了各条战线上作出优异成绩的女干部、女战士。战地服务团的女文艺工作者集体创作并演出了话剧《大时代的女性》，歌颂了新四军的女军人。

报纸刊物是新四军推进政治工作的重要阵地。新四军政治部最先创办了《抗敌报》，接着又依次创办了《抗敌》《抗敌画报》《战士园地》《建设》《理论与实践》等刊物。后来，新四军下属的指挥部也开始创办报纸刊物，主要有中共中央中原局和新四军江北指挥部创办的《抗敌报》（江北版）和新四军苏北指挥部创办的《抗敌报》（苏北版）。接着，新四军各支队也先后出版了自己的报纸和刊物，主要有《拂晓报》《战士报》《火线报》《东进报》《挺进报》等。新四军全军共有各种报刊 30 余种。这些报刊成为宣传教育华中地区广大军民坚持抗战的思想阵地。

多形式、多渠道、不间断的政治思想工作，使由各个地

▲抗敌报的工作人员在工作

方集结起来的游击战士，在较短时期内团结成统一的有战斗力的整体，克服了由于长期分散游击形成的山头主义、宗派主义和散漫松懈的游击习气，在思想上统一到抗日民族解放战争上来，为后来取得抗日战争的胜利打下了坚实的基础。

3. 后勤装备建设

新四军的后勤保障经费由第三战区统一发放，初始的经费每月1.2万法币，后来新四军规模不断扩大，在敌后抗日的作用不断增加，军费增加到13.5万法币。但是新四军的经费还是远远不够，所以新四军的后勤保障基本上靠自给，同时也有上海等地处于沦陷区的群众，以及港澳同胞、海外侨胞的大力支援。

新四军的后勤供应工作开始是由叶辅平、宋裕和负责的军需处和张元寿负责的兵站分管的。1938年4月9日，新四军兵站在岩寺成立。随着部队挺进苏南敌后和皖南抗日前线，新四军又在马头镇、飞鲤桥、竹箦桥建立军部与第一、第二支队之间的兵站线，在繁昌何家湾建立与江北第四支队联系的兵站。这些兵站保障了新四军人员来往、物资流通和通信联络的畅通。尤其是岩寺兵站，不仅担负从第三战区兵站总监部领取军需物资，还保障着新四军所有人员进出敌占区上海和大后方的交通安全，以及从敌区情报搜集、向敌区传播新闻等重要任务。

为了满足基本的作战需要，1938年4月，军部移驻皖南岩寺后，在岩寺上渡桥江家桐堂筹建修械所，同年8月，军部移驻泾县云岭后，修械所迁到泾县小河口。修械所开始只有最简单的机械车床，只能做比较低级的修复枪支、铸造刺刀等工作。随着技术的改进，机械装备的进步，修械所人员也由几十人增至百人以上，能制造手榴弹、地雷等简单武器。除第三支队外，各支队还有各自的武器修械所，修复战损的枪支，制造手榴弹、地雷和刺刀等简单武器。1939年后，新四军的军工生产有了进一步的发展。新四军豫鄂独立游击支队在鄂中丁家冲建立的修械所，由开始的几人扩大为有六七十人的兵工厂。第五、第六支队江北指挥部也设立了各自的枪械修理机构。同时新四军为解决服装、照明、出版刊物等部队日常生活需要，开办了织布厂、蜡烛厂和印刷所等轻工业。

▲修械所的工作人员在赶修枪械

▲修械所修配间工人在工作

▲工作人员在赶制军服

　　卫生医药部门是不可或缺的重要后勤部门。新四军逐步建立各级卫生组织，军和支队设有军医处，团设有卫生队，营设有卫生所，连配备有卫生员，保障作战官兵的卫生安全。叶挺邀请沈其震组建新四军医务处，沈其震又邀集了一批医护人员参加新四军。中共中央也从延安派来戴济民、吉洛（姬鹏飞）等人到新四军军医处工作。1939 年，王聿先任军医处副处长，宫乃泉任江北指挥部军医处长，崔义田任江南指挥部军医处长。1939 年 6 月，军部在泾县云岭南堡村建立了前方医院，在小河口建立了后方医院，两医院共有 300 余张床位，可以做比较复杂的手术。在卫生防疫方面，新四军军部军医处抽调优秀的医务工作者，组成两个天花防疫队，奔赴军部机关和驻地为军民接种疫苗，接种率达到 80%。为了扩大和提高医务工作人员的业务水平，军部军医处先后举办了六期卫生训练班和化验班，共培训近 200 名医务人员，使医务人员具备战时医疗能力；同时，军医处还编印了《卫生季刊》《大众卫生报》等专业报刊，为医务人员提供定期的医疗知识服务。后来成立的教导总队也设有专职卫生教员，为主教导总队培训的学员开设医疗卫生课程，开展医疗卫生教育。同时，沦陷区群众、港澳同胞、海外侨胞等大力支援新四军的医疗卫生工作，1938 年底至 1940 年 3 月的一年半时间里，宋庆龄领导的保卫中国同盟先后三次把大批手术器械和消炎药品送给新四军。值得一提的是，中国红十字会总会上海煤业救护队，将 23 辆卡车和 2 辆救护车无偿赠予新四军，使新四军有了唯一的一支车队。中国红十字会总会上海煤业救护队约有百名队员先后参加了新四军。正是由于全民族的帮助和支持，在医疗卫生方面的不断努力，新四军全体官兵的身体素质不断提高，健康状况有了很明显的改善。

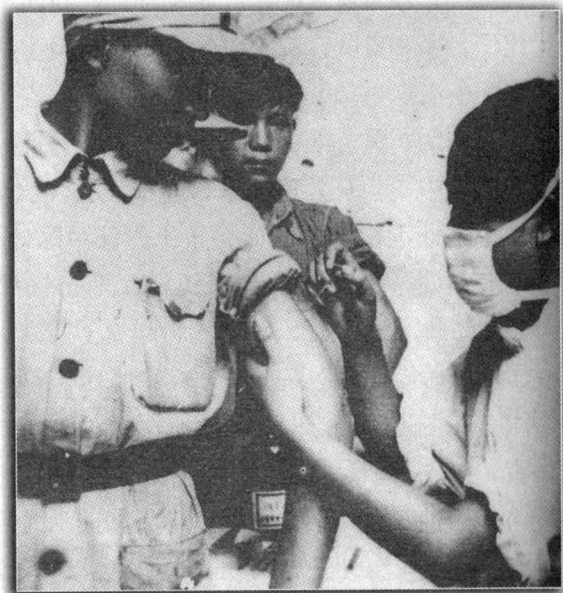

▲卫训班的学员在为战士接种疫苗

▲医生在用 X 光机为病人做胸透

▲中国红十字会总会上海煤业救护队无偿赠予新四军的
汽车

新四军驻各地办事机构及
在抗日根据地中的作用

◎ 新四军驻各地办事机构的抗日工作

　　新四军的主体是由南方红军游击队改编而成的。为了巩固抗日民族统一战线，方便中央政府对新四军的各种管理，发放军饷、运输军需物资等部队参战事宜，从而将各种力量统一起来，积极抗日，国共两党协定，新四军可在各游击队原驻地和一些重要城市设立办事机构。据此，从 1937 年 9 月至 1940 年底的两年半时间内，新四军先后在南昌、武汉、长沙和湖南省平江县、河南省确山县竹沟镇等地建立了 50 多个办事处、通讯处、联络站、留守处等办事机构。

▲新四军汉口军部旧址

新四军驻各地办事机构，是国共合作共同抗日的历史产物，为新四军抗战作出了重要的贡献。

1. 联络组织红军游击队集中改编

国共两党商定改编南方红军游击队之后，游击队员对国民政府不信任，同时对国内外抗日形势的变化了解不够，所以产生了抵触改编的现象。这时，江西、福建、浙江、河南各地的办事机构发挥了相当大的作用。他们进山宣传抗日形势，传达中共中央的有关指示，动员和组织游击队下山接受改编。在改编过程中，国民政府也对红军游击队不信任，改编物资经费供应短缺，办事机构从中调和。办事机构为新四军的改编做了大量的工作，起到了至关重要的作用。

2. 发动群众参加抗日队伍

红军游击队整编前，人数很少，而且人员结构不合理。为了壮大部队，办事处配合军部，一边整训一边扩军。比如赣粤边红军游击队接受整编前只有300多人，经过池江办事处的努力，这支队伍迅速扩大到500多人；闽北红军游击队整编前只有300余人，办事处积极动员广大青年参加新四军，仅两个月扩大到1300余人；新四军第一支队第1团开赴皖南途经江西省宜春县时，慈化通讯处在几天内就为该部队动员了近400名青年有生力量加入。新四军组建后，各地办事机构继续将动员青年参加新四军作为一项重要任务。1938年春，竹沟留守处设立了招兵处，先后在湖北、河南两省招募了数百名青年农民和学生参加新四军。南昌、长沙、武汉、丽水等地的办事处，则以抗日军事政治大学的名义，公开在各地学校招收学生学员，仅长沙办事处就招收了近2000名学生。这些学生大部分送到新四军。据不完全统计，1938年和1939年，各地办事机构共发动3万余人参加新四军的抗日队伍。

3. 开展抗日救亡活动

各地办事机构广泛开展抗日救亡活动的宣传和组织工作。南昌办事处把流离失所、逃亡到南昌的失地失业人员等组织到一起，组成新四军战地服务团、江西省乡村抗战宣传巡回工作团、青年抗敌后援会等抗日救亡团体，并领导这些团体有组织地开展多种形式的抗日救亡活动，宣传新四军的抗日战绩。武汉、长沙等多地办事机构，也在各自所在地组织了多种类型的民众抗日团体，积极宣传抗日运动，揭露日本帝国主义的侵华罪行，即时报道中日作战动态。福州办事处组织歌咏队、话剧团、战时民众教育工作队等，深入农村，教各地农民学唱抗日歌曲，并把抗日话剧带到田间地头。

4. 开展统一战线工作

各办事机构是联系中共同社会其他各党派的良好关系的重要纽带，是开展统战工作的重要机构。南昌办事处于 1938 年 1 月举办了两次座谈会，邀请江西省政府和各党派负责人、社会名流参加，共同商讨民族统一抗战的形势和对策。有的办事机构依托所在地，与当地政府、军队保持良好的沟通。如长沙办事处与湖南省政府经常接触，保持了较好的关系；桂林办事处与当地的桂系军队建立了密切的联系，争取他们的资助。竹沟留守处通过联欢等丰富的活动形式，先后与周围十多个县及当地驻军建立了较好的关系，得到了当地政府和中央驻军的资助。

5. 筹集和转运军需物资

新四军的军需物资和后勤补给主要是国民政府统一调配，领取地点就是在武汉办事处。同时，新四军在长沙、贵阳、广州、香港等地采购、募集来的军需物资，也统一转运到武汉办事处，再从武汉办事处调配到新四军各部队。这样，武汉办事处就成为新四军军需物资的转运总枢纽。当武汉、广州相继失守后，桂林办事处承担起军需物资转运枢纽的角色。同时，长期处于敌占区的上海办事处，也是一条为新四军募集、购买和转运物资的隐蔽通道。

6. 培训和输送抗日干部

办事处通过开办干部学校，培养军政干部。桂林办事处开办广西地方建设干部学校，共开办四期，培训了基层抗日干部约 5000 人。福建省崇安留守处开办武夷干部学校，先后培训来自上海、福州、南平等地的干部和知识青年 300 余人；中共河南省委通过新四军竹沟留守处开办军政教导大队，培训军政干部。这些接受过培训的干部，被分配到新四军的基地，发挥重要的抗日作用。办事机构通过开设专项技能培训班，培养各类对军队抗战有用的人才。竹沟留守处开办机要、电台、测绘、供给、司号、卫生等专业训练班，共培训各类专业人员超千人。结业后，这些专业人员奔赴敌后，发挥了专业人才的重要作用。据不完全统计，从 1938 年至 1940 年，有八个办事机构先后开办了 40 多期各种形式的军政干部及专业技术干部训练班，受训人数超过 2 万人。

7. 组织抗日游击武装

有的办事机构将当地的游击力量、武装力量、民团组织等组织到一起，将其改造成有生的抗日力量，并在新四军办事机构的领导下进行抗日武装斗争。竹沟留守处是新四军游击支队和豫鄂挺进支队这两支抗日武装的发祥地和主干力量。福州、平江等办事处均在当地建立了抗日游击武装。

8. 做好抗日军人家属工作

新四军中很多人在参加新四军前有自己的家庭，他们舍弃了自己的亲属，参加抗日队伍，家庭难免会有或多或少的困难。为了解除新四军官兵的后顾之忧，很多办事处发动群众在生产、生活上帮助抗日军人家属，每逢过年过节，新四军官兵不能回家，办事处就代表军队到部分困难家庭慰问，还协调各方力量，帮助新四军干部家属重返家园。这种种举措使新四军官兵安心在部队，积极抗日。

新四军驻各地办事机构是在全民族抗战背景下，抗日民族统一战线形势下产生的特殊组织形式。其存在时间的长短各有不一，最短的只有一个月，长的也不过两三年。办事机构的人员总体不多，少的只有三五人，多的也不过 30 人。他们远离新四军主力部队，身处险境，但他们始终坚持抗日这个主题，贯彻中国共产党的领导，积极发动人民群众，为配合支援前线部队的抗战，团结各界力量，维护民族统一，发挥了独特的历史作用。

◎ 新四军积极参加抗日根据地建设

华中敌后抗日根据地是新四军创建的第一个抗日根据地。根据地创建起来后，很多制度不够健全，很多工作不够深入。为了响应中共中央的号召，新四军除了在武装保卫根据地的同时，还从各个方面积极进行根据地建设，为巩固抗日根据地作出了重要贡献。

1. 推行减租减息

中共中央在根据地实行的土地政策是减租减息、交租交息。为了响应中共中央的号召，新四军各部队都抽调了大批干部，在各自所辖或附近抗日根据地，参加减租减息的群众运动。新四军的干部们参与了各自抗日根据地的社会经济情况调查研究，制定符合各自实际情况的租息税率，宣传减租减息、交租交息的重大意义。

2. 深入发动、组织群众

广泛发动群众,组织群众抗日,是中国共产党全面抗战路线的主要特征。新四军各部队积极帮助群众组成抗日团体,调派干部,参加抗日根据地的各种抗日团体,并在其中发挥骨干作用。在淮南抗日根据地的津浦路东地区,新四军在第2师的帮助下,继1941年4月成立农民抗敌协会总联合会之后,1942年3—6月的三个月内,还先后成立了妇女、青年、教育界、文化界的抗敌协会总联合会。1942年秋,淮南津浦路西地区也成立了农民、妇女、青年抗敌协会总联合会。在苏中抗日根据地,新四军参与组建的农民抗日救国会,从开始的13万人,增加到61万人,工人、青年、妇女等群众性抗日团体也发展壮大起来。

▲苏北人民庆祝反"扫荡"胜利

3. 参加基层政权建设

在对抗日根据地基层政权进行民主改造时，新四军各部队还派出许多优秀干部，到地方特别是边缘地区担任乡长、区长。这些具有丰富战斗经验的干部，带领群众和民兵配合部队行动，在反"扫荡"、反"清乡"斗争中发挥了巨大的作用。曾在新四军任连政治指导员的白桐本，1943年1月调任如皋县掘马南区（今属如东县）区长，在日伪进行"清乡"的艰难日子里，坚持斗争，勇敢机智，深受群众拥护。1944年3月23日白桐本在战斗中光荣负伤牺牲，延安《解放日报》以《人民领袖白桐本》为题报道了他的事迹。

4. 实行精兵简政

1942年9月26日，中共中央华中局、新四军军分会发出了《关于精兵简政的通知》，通知强调："必须使党、政、军、民一切干部和群众了解今后敌后的严重困难与斗争的复杂和曲折，而精兵简政则正是克服困难，积蓄力量，准备将来胜利反攻的唯一正确的出路。"[1] 新四军军部带头进行了四次精简。到1943年1月，军直属队已由16个单位3884人，减为9个单位1803人，非战斗人员占总人数的比例从69%下降到35%。新四军各师也结合本地区的实际情况，精简机关，调整编制，把大量的人员充实到连队里。有的师裁撤了一个旅，有的师将大团减为小团。第7师为了适应当时敌后斗争的困难局面，在1943年2月撤销旅一级，编为四个支队和一个独立团。在精兵简政中，新四军还提倡发扬艰苦奋斗精神，从各方面厉行节约，减少开支。精兵简政改变了机构臃肿的现象，充实了基

---

① 中国人民解放军历史资料丛书编审委员会编：《新四军·文献》(3)，解放军出版社1994年版，第954页。

层，提高了部队对敌后环境的适应能力，最大限度地减少了敌人封锁和破坏敌后根据地时造成的困难，提高了作战效率。

5. 全面加强地方武装和民兵建设

根据地军事建设的重要内容是扩大和巩固地方武装，普遍建立自卫队、民兵，以便应对日军的破坏和扫荡。新四军通过实行部分主力地方化，来参与抗日根据地的军事建设。新四军以三分之一以上的主力部队加强地方武装，选派干部帮助整训地方武装和带领参战，以提高地方武装的独立作战能力，抑或是从主力部队抽调干部到根据地地方武装，以充实地方武装和民兵的指挥机关。在第 1 师的帮助下，苏中抗日根据地 1941 年就组建了十个县的独立团、警卫团，计 6200 余人，初步形成了乡有游击组，区有自卫队，县有警卫团，分区有独立团的地方武装体制。至 1943 年底，在新四军的帮助下，华中各根据地的民兵总数已达到 62 万人。这些强大的地方武装和民兵，担负着地方自卫，配合主力部队作战等任务，在对日斗争中发挥了巨大作用。

6. 开展助民劳动，参加经济建设

华中各根据地创建以后，发展生产是主要的工作内容之一。新四军各部队利用战斗间隙，经常开展助民农作活动，特别是春种秋收的农忙季节，根据地到处都有新四军的身影。据苏中、苏北、淮北、皖江等根据地统计，1940 年秋至 1943 年春，军民共同修筑堤坝 818 公里，开浚大小河道 3370 公里，使 1100 余万亩土地受益。苏北沿海地区，海啸频发，造成人民的生命财产巨大损失。新四军第 3 师支援了阜宁县修建的 45 公里的海堤，使阜东几十万亩良田和群众的安全得到了保障。1943 年 8 月，淮河主汛期，淮北泗南县大椰巷（今属泗洪县）河堤决口。新四军第 4 师立即参与抢险，经过六个多小时的奋战，河堤终于保住了，避免了损失。

▲杨涵版画《新四军大生产》

新四军各部队自办的军需用品厂，在繁荣根据地经济方面作出了一定的贡献。新四军第2师供给部在天长县创办了烟草公司，其所生产的飞马牌香烟远近闻名，创造了很多利润。新四军第7师创新开展多种经营，赢利非常可观，并有结余支援军部，被称为"富七师"。

7. 帮助地方发展文化教育事业

教育是立国之本。新四军大力支持并深度参与抗日根据地的教育办学活动。新四军派出许多干部战士到学校和冬学担任军事、政治、文化教员。1942年9月，新四军第4师第9旅第25团侦察员夏陶然被派到泗南县峰山区（今属泗阳县）中心小学担任校长，实行学习与生产劳动相结合的教学方法，深受学生和家长的欢迎。华中各根据地非常重视新闻出版事业。新四军在创办报刊杂志方面有一定的经验，为了帮助抗日根据地出版报纸杂志，新四军创办了报刊后，移交到根据地继续出版。例如《拂晓报》,最初由新四军游击支队创办,后由第 4 师出版,从 1942 年元旦起改为面向淮北根据地的报纸。该报反映了敌后的斗争情况,鼓舞各界的抗日斗志,交流战斗经验,影响广泛。

新四军的对日战斗

　　华中是中国共产党发展抗日武装力量的主要地区之一，在战略上是联系华北和华南的枢纽，关系到抗战全局的走势。日军侵占上海、南京以及杭州以后，进行了疯狂的烧杀抢掠，仅仅在南京一个地方，六周内就血腥屠杀了中国平民和被俘士兵 30 万人以上，制造了骇人听闻的南京大屠杀事件。1938 年春天，日军集中约 24 万人的兵力，由华中派遣军和华北方面军分别沿津浦铁路南北夹击联系华中和华北的战略要地徐州，准备进逼中原，夺取武汉。5 月 19 日，日军侵占徐州。至此，长江下游苏、浙、皖地区沦陷。

　　徐州失陷后，华中地区的国民政府机构纷纷撤走，而日军在华中地区的兵力共有十四个师团和一个支队。但由于集中兵力进攻武汉，日军在占领区的兵力不足，只能控制大中城市和主要交通线，对广大乡村无暇顾及。这时，中国共产党地方组织发动和领导了苏、浙、皖地区的抗日救亡运动，建立了一些抗日自卫武装，为新四军挺进华中敌后，并创建抗日根据地，发展壮大自身的力量，提供了较为有利的条件。

　　军事委员会规定新四军的任务是，在苏南、皖中敌侧后进行游击战争，以牵制日军。划定的活动地区是：第一、第二支队在长江以南，芜湖以东，高淳、溧水、金坛以北，丹（阳）

金（坛）公路以西，东西不过百余公里，南北仅五六十公里。第三支队则在青弋江、铜陵、繁昌前线担任机动防御任务。第四支队活动在皖中的淮南铁路沿线一带，并规定不得越界活动。

▲向江苏南部敌后挺进的新四军

中共中央和毛泽东对新四军的发展极为重视，还在新四军集结整训期间，就作出了一系列的重要批示，要求抓住日军会攻徐州、武汉，无暇顾及敌后的有利时机，积极主动地深入敌后寻求发展。1938年5月4日，毛泽东电示中共中央军委新四军分会书记、新四军副军长项英："在敌后进行游击战争虽有困难，但比在敌前同友军一道并受其指挥反会要好些，方便些，放手些。敌情方面虽较严重，但只要有广大群众，活动地区充分，注意指挥的机动灵活，也能够克服这种困难，这是河北及山东方面的游击战争已经证明了的。在侦察部队出去若干天之后，主力就可以准备跟行，在广德、苏州、镇江、南京、芜湖五区之间广大地区创造根据地，发动民众的抗日斗争，组织民众武装，发展新的游击队，是完全有希望的。"① 5 月 14 日，中共中央就新四军行动方针问题致电长江局、东南分局及项英，指出："新四军正应利用目前的有利时机，主动地、积极地深入到敌人后方去，以自己灵活坚决的行动、模范的纪律与群众工作，大大地去发动与组织群众，建立地方党组织与团结无数的游击队在自己的周围，扩大自己，坚强自己，解决自己的武装与给养，在大江以南创立一些模范的游击根据地，以建立新四军的威信，扩大新四军的影响"；"必须向党的干部解释，目前斗争形势与过去的根本区别，因此目前的工作方法与方式应与过去有根本的不同，要他们在大胆的向外发展与积极的抗战行动中来扩大与巩固统一战线，争取更多同情者在自己的周围，同时扩大与巩固自己的力量。"②

按照军事委员会的要求和中共中央的指示部署，新四军军部指示所属部队："深入敌人后方，开展广泛的游击战，达到牵制和分散敌人的兵力，配合国军主力正面作战，在持久战中，争取最后的胜利。"并制定了新四军的作战原则是："集小胜为大胜，团结群众以游击动作进行胜利的战斗，并力求达到自身的壮大和战斗力量的增强，而能进一步进行大的运动战和歼灭大的敌人。"③ 新四军各个支队陆续开赴华中敌后，在大江南北迅速展开敌后抗日武装活动。

① 中共中央文献研究室编：《毛泽东文集》，第二卷，人民出版社 1996 年版，第 127 页。
② 中国人民解放军历史资料丛书编审委员会编：《新四军·文献》(1)，解放军出版社 1994 年版，第 112 页。
③ 中国人民解放军历史资料丛书编审委员会编：《新四军·文献》(1)，解放军出版社 1994 年版，第 266 页、第 267 页。

◎ 苏南抗日根据地的创建及第一、第二支队的东进

苏南地处南京、上海、杭州之间，战略地位十分重要。1938 年 2 月 15 日，毛泽东电示项英、陈毅：苏浙皖边区是最有利于发展敌后抗日根据地的地区，在苏南的"茅山山脉，即以溧阳、溧水地区为中心，向着南京、镇江、丹阳、金坛、宜兴、长兴、广德线上之敌作战，必能建立根据地，扩大（新）四军基础"。这就具体地指明了新四军的行动方

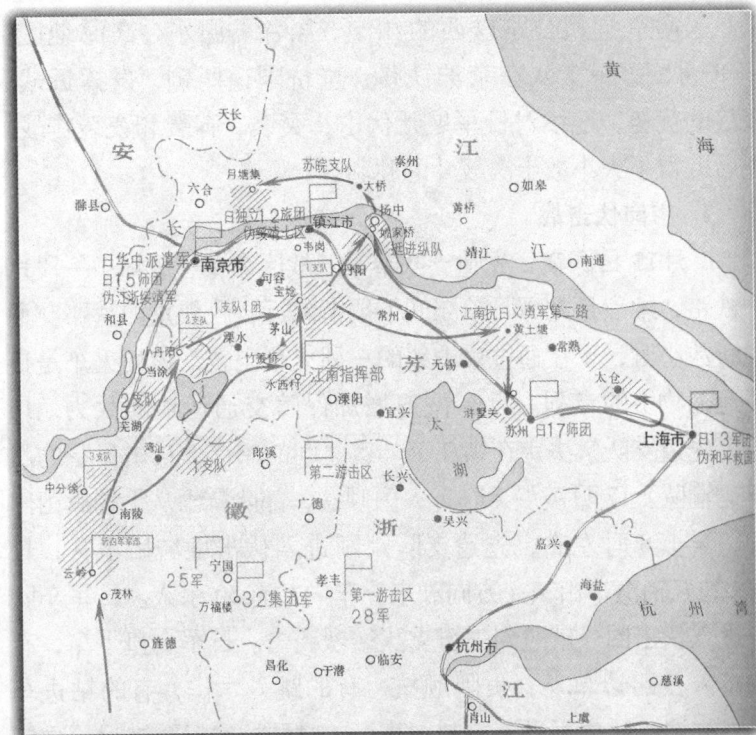

▲ 新四军第一、第二支队进军苏南敌后和向东向北发展要图
（1938 年 6 月—1939 年 2 月）

向。4 月 28 日，新四军军部以第一、第二支队和第三支队部分团以下干部和各侦察连共 400 余人组成先遣支队，粟裕任司令员兼政委。先遣支队由皖南岩寺潜口出发，于 5 月中旬进入苏南敌后，进行武装侦察，为主力进入苏南敌后做准备。

先遣支队出发后，第一支队主力立即于 5 月 12 日由太平（现属黄山市）出发向东进发，6 月中旬到达以苏南茅山为中心区的镇江、句容、金坛、丹阳、江宁、溧水一带。随后，第二支队主力开始从皖南分批向东挺进，8 月到达南京芜湖铁路以东，南京杭州公路以西的江宁、当涂、溧水、高淳地区。6—8 月，第一支队在京沪铁路、京杭国道两侧，发挥近战、夜战的优势，连续对日军展开伏击、突袭、奔袭和夜袭作战，先后取得了大小数十次战斗的胜利。

1. 韦岗伏击战

6 月 15 日深夜，先遣支队奉第三战区命令，破坏了一段京沪铁路，地点是龙潭、镇江间下蜀街附近，致使京沪铁路交通中断数小时，正在通过京沪线的一列火车出轨，该列火车是日军运输物资的专列。日军被迫增加保障交通运输的兵力。16日，先遣支队又决定在镇江至句容之间的韦岗，伏击日军的汽车运输队。17 日凌晨 2 时，大雨倾盆，部队冒雨从下蜀后山出发，早上 8 时左右，先遣支队刚刚进入伏击地域后不久，日军①的五辆汽车由镇江方向驶来，车内共有 30 余人。日军车队一进入伏击圈，就遭到先遣支队猛烈袭击。日军仓皇下车，有的窜入公路边草丛，负隅顽抗，有的跳入水沟，有的钻进车底。先遣支队由于迅速控制制高点，对顽抗的日军进行了瞰制

---

① 根据日方资料，在韦岗遭到新四军伏击的日军属于野战重炮兵第 5 旅团。

射击。经半小时激战，击毙多人，缴获长短枪20余支及其他军用物资。

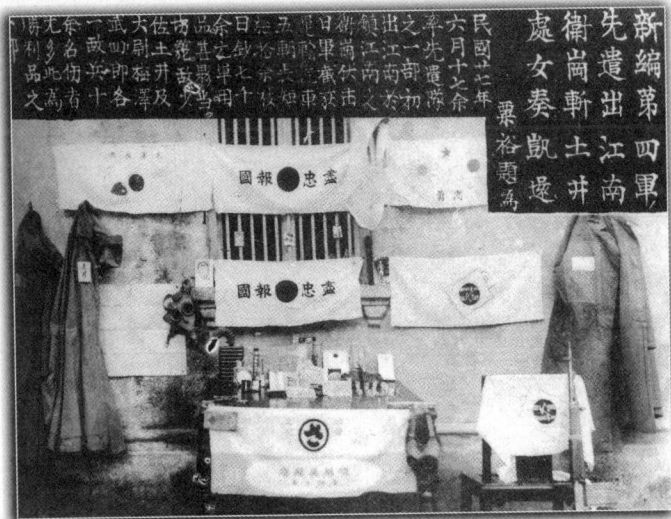

▲ 韦岗战斗缴获的部分胜利品，右上为粟裕题诗。

韦岗战斗是新四军进入苏南敌后的第一战。"这一战斗的胜利，不仅奠定了我军进入江南战区的基础，而且开辟了胜利的先声。"① 陈毅接到捷报，当即赋诗祝贺："弯弓射日到江南，终夜喧呼敌胆寒。镇江城下初遭遇，脱手斩得小楼兰。"表达了广大军民对初战获胜的欢欣情绪。军事委员会主席蒋介石致电嘉奖叶挺："所属粟部袭击韦岗，斩获颇多，殊堪嘉尚。"②

① 粟裕：《先遣队的回忆》，载中国人民解放军历史资料丛书编审委员会编：《新四军·文献》(1)，解放军出版社1994年版，第261页。

② 中国人民解放军历史资料丛书编审委员会编：《新四军·参考资料》(2)，解放军出版社1994年版，第64页。

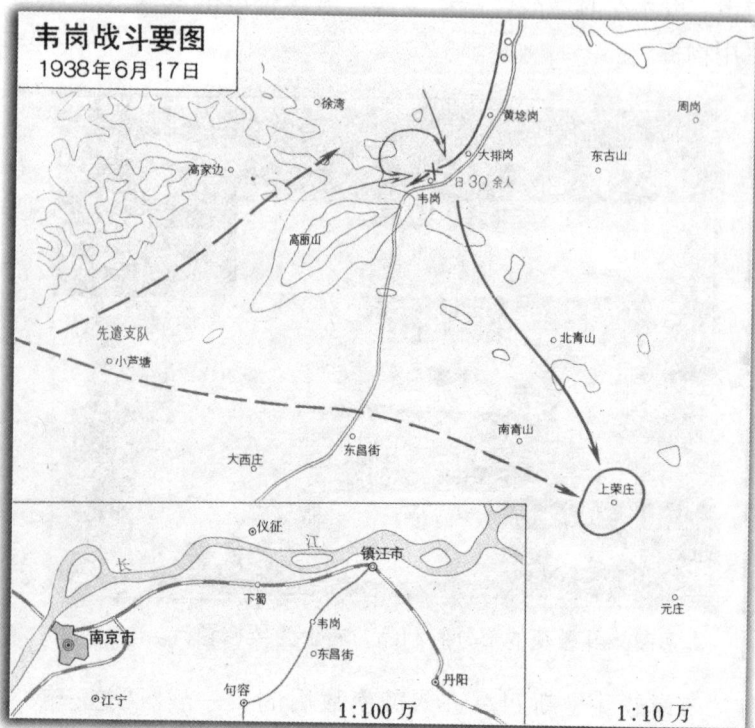

韦岗战斗要图
1938年6月17日

徐湾
高家边
高丽山
先遣支队
小芦塘
大西庄
东昌街
黄念岗
大排岗
东古山
周岗
韦岗
日 30 余人
北青山
南青山
上荣庄
元庄

仪征
下蜀
镇江市
长 江
南京市
韦岗
东昌街
丹阳
江宁
句容

1:100 万
1:10 万

▲韦岗战斗要图

2. 夜袭新丰车站

新丰车站位于京沪铁路线上镇江、丹阳之间，该站日常驻扎的日军有40多人，一个中队，另外还有路警、特务、汉奸等共100余人。他们飞扬跋扈，气焰嚣张，四处抢劫。第一支队第2团派出侦察员潜伏在车站进行侦察，查明日军的常规部署后，决定对新丰车站进行夜袭。7月1日黄昏，部队从延陵镇出发，晚上10时左右到达预定的攻击地点，即刻对车站展开攻击。驻守车站的日军立即组织抵抗。突击队员冒着枪林弹雨，冲入车站大楼内，与日军展开肉搏战。日军在楼上用机枪向进攻的冲锋官兵扫射，使攻击部队进攻受阻。此时，突击部队组织另一部分人力，聚集火力压制日军的机枪扫射，同时在车站大楼周围的柴草上泼上煤油，突施火攻。在新四军同日军进行交战的同时，丹（阳）北地区八个乡的人民自卫团，千余群众也按计划方案，积极参与配合新四军的战斗。他们通过破坏铁路、割断电线等方式，断绝车站日军与外界的一切联系。经过三小时的激战，突击队击毙日军 40 余人，缴获枪十余支，破坏铁轨一段，摧毁车站大部分设施，使京沪铁路交通一度中断。

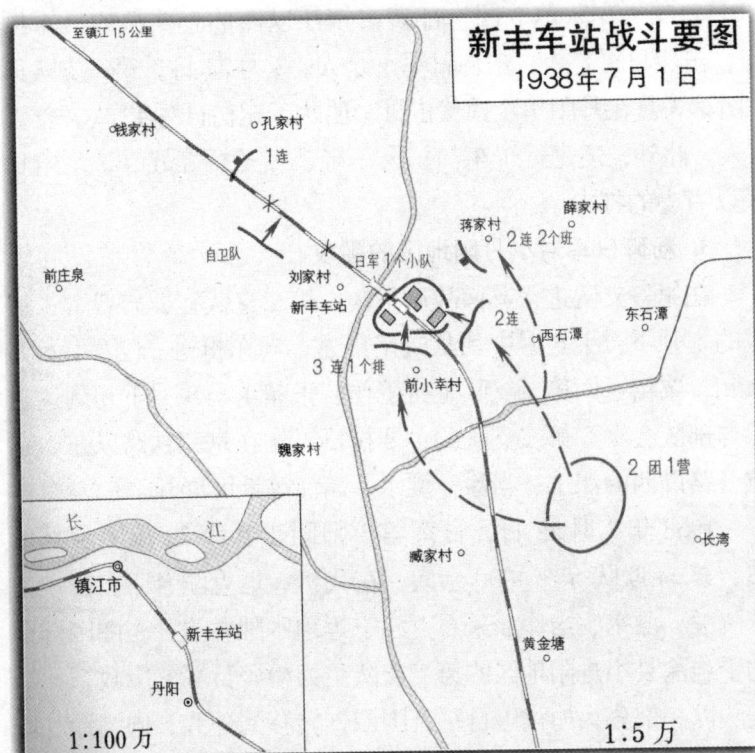

▲新丰车站战斗要图

在此前后，第一支队还在南京周围进行了频繁的战斗。6月下旬，第2团第2营在镇江西南竹子岗设下埋伏，毙伤日军20余人，击毁日军汽车6辆，俘获日军特务机关经理官明弦政南。7月10日，第一支队第2团第2营又在南京至句容间的新塘附近伏击日军车队。7月14日，第一支队第1团夜袭南京近郊的西善桥日军据点，击毙日军3人，破坏铁路一段。7月29日，第一支队第2团第1营在丹阳东吴桥、孙家村附近破坏铁路一段，使日军军用专车的两节车厢出轨，日军伤亡多人。8月12日，第一支队第2团夜袭句容城，使日军大为震惊。8月15日，第一支队第2团一部袭击镇江以西的仓头桥的日军据点，击毙日军8人，击伤日军十余人。8月23日，第一支队第2团第3营在丹阳珥陵镇伏击日军船队，毙伤日军49人，俘获1人。此外，还进行了东昌、天王寺、二圣桥等战斗，均给日军以有力的打击。

3. 粉碎日军对小丹阳地区的围攻

在第一支队进入苏南敌后不久，第二支队在罗忠毅、王集成的率领下，于6月中旬从皖南出发，向东挺进。随后，6月下旬，粟裕返回第二支队主持工作。张鼎丞于8月下旬到达当涂与部队会合。第二支队的主要抗日工作在京芜铁路以东、京杭公路以西的江宁、当涂、溧水、高淳等地区展开。

1938年8月22日，日军第3师团步兵第29旅团步兵第18、第34联队等部4000余人，在飞机、坦克配合下，分别由秣陵关、溧水、当涂、采石、江宁等地水陆并进，企图围歼活动于当涂县小丹阳地区的第二支队。为粉碎日军的围攻，第二支队以一部分兵力跳出日军合围圈，转移到外线，向当涂、陶吴等日军据点发动袭击，以牵制和调动日军兵力，另以一部分兵力在人民群众和地方武装配合下，采用机动灵活的方式，广泛出击,袭扰日军;以支队主力置于小丹阳以西地区隐蔽待机。8月23日,日军数路合击小丹阳。第二支队在第一支队配合下,在鸡笼山地区给予日军以有力打击后,迅速转移,跳出日军包围圈。日军围歼第二支队的企图归于失败。

9月9日,日军纠集镇江、句容、丹阳、金坛等地和天王寺等据点共2000余人的兵力,分五路合围第一支队驻地前隍。第一支队特务连和第1团第2营在陈毅指挥下,粉碎日军合围,毙伤日军35人,破坏桥梁4座。12月上旬,在句容的白兔镇,日军四路包围第6团。第6团与日军激战六小时,毙伤日军30余人。

至1938年底,第一、第二支队在东进苏南近半年的时间里,与日军共进行了大小战斗200余次,歼灭日伪军3000余人,缴获了大量军用物资,沉重地打击了日军的侵略气焰,有力地配合了正面战场的作战,鼓舞了广大军民的斗志。

4. 在敌人后方广泛出击

1939年,第一、第二支队积极行动,在苏南敌后主动出击,打击日伪军,进行了一系列的战斗,均取得了不同程度的胜利。

1月6日,"扫荡"宣城地区的日伪军130余人撤退到芜湖以东的水阳镇宿营。次日晨,新四军第二支队第3、第4团在水阳镇北设伏,毙伤日伪军30余人。

1月18日晚,第二支队派出第3团的4个连,由丹阳湖畔出发,长途奔袭伪军芜湖机场附近的官陡门据点。21日凌晨发起攻击,全歼伪军300余人,其中俘伪军70余人,缴获长短枪70余支、机枪4挺,并摧毁据点。

2月8日,第一支队第2团从竹箦桥地区出发,夜袭句容天王寺以南的日军据点东湾。当日晚,第2团第2营隐蔽贴近东湾,迅速突入据点。据点内日军进行顽抗,驻天王寺据点的日军 300 余人闻讯来援，担任打援任务的第 3 营依托有利地形顽强阻击，多次击退增援的日军。经四小时激战，全歼据点日军，并予援敌以重大杀伤。

延陵位于丹阳南部，是日军向茅山等地进攻的主要据点之一。简渎河穿镇而过，把延陵镇分为东西两个部分。日军据点驻有日军第 15 师团步兵第 51 联队的一个中队及伪军一部，共 200 余人。为了发展茅山抗日根据地，第一支队决心攻下延陵，拔掉这个据点。经过仔细侦察和周密部署，2 月 17 日，第一支队第 2 团第 1 营长途奔袭延陵镇。当晚，第 1 连迅速占领简渎河桥，严密监视河东地区驻昌国寺等地的日军，第 2、第 3 连秘密包围河西地区伪军据点，并迅速突入，据点内伪军全部被俘。接着，第 1 营向河东地区日军发起攻击。日军凭借坚固工事顽强抵抗。第 1 营用竹竿捆绑集束手榴弹炸开围墙，攻入日军固守的大院。3 月 7 日，日军第 15 师团步兵第 51 联队及伪军 5000 余人，兵分八路，向刚移驻镇江上会、下会（今属镇江市丹徒区）的第一支队第 2 团分进合击。第 2 团集中兵力打敌一路，然后向西北方向突围。经八小时激战，终于冲破日军两道包围圈。这次战斗，团政治处主任萧国生牺牲。这是新四军在作战中牺牲的第一个团级领导干部。正在新四军视察的周恩来，在《抗敌报》上发表了悼念萧国生的文章。

9 月 30 日，第二支队第 4 团 3 个连队进至江宁龙潭和句容仓头之间，经过侦察，于 10 月 4 日伏击日军警戒分队，用地雷炸翻京沪铁路上的日军火车，并与随后赶来的日军护路队作战。这次战斗，炸死日军约 50 人，毙伤日军约 70 人。京沪铁路因此三天未能通车。

11 月 8 日，驻镇江的日军 200 余人到丹阳的延陵、九里镇一带"扫荡"。第一支队新 6 团第 1、第 3 营在九里镇附近与

▲陈毅在茅山

日军遭遇。经激战，敌不支，向贺甲村退却并施放毒气。此时，第2团赶来增援，将日军包围于贺甲村。经反复冲杀，白刃拼搏，日军于黄昏退入村内，固守待援。9日拂晓，新四军发起猛攻，战至中午，全歼这股日军。此役当时被称为"延陵大捷"。

此外，新四军第一、第二支队在1939年还在江宁云台山、宣城狸头桥先后粉碎日军的多路合击，在镇江东南夜袭渣泽车站，并进行了陈巷桥伏击战、孟河据点攻坚战等许多战斗。新四军在江南的奋勇作战，沉重地打击了日军，发展了苏南抗日斗争的大好形势。

5. 向东作战，向北发展

1938年9月中旬，陈毅派王必成率第2团第1营经丹阳、武进，向东深入江阴等地进行战略侦察，并和江南抗日游击队、苏浙人民抗日自卫军取得联系。10月，在茅山地区整训期间，第2团第1营被第一支队授予江南抗日义勇军（简称江抗）第三路番号。5 月 31 日，江抗第三路在无锡东北的黄土塘与日军遭遇，经激战，毙伤日军数十人，取得了东进的首战胜利。6 月 24 日，江抗第三路夜袭位于京沪线上的日军主要据点浒墅关车站，炸毁车站，炸断铁轨，迫使京沪铁路运输中断三天。7 月，江抗派一个团的兵力，越京沪铁路，向上海近郊挺进，在嘉定、青浦地区与当地游击队会合，并在上海近郊夜袭虹桥机场，震动了日军。

在苏南敌后地区，第一支队、第二支队发挥近战、夜战的特长，广泛出击，至 1938 年底，连续取得了新丰、小丹阳等 200 余次战斗的胜利，歼灭日伪军 3000 余人，缴获大量的军用物资，补充了部队装备，扩大了新四军的影响，在江南敌后站稳了脚跟。

为争取苏南群众的支持，部队派出战地服务团和民运工作组深入广大乡村，配合地方基层组织，广泛宣传中国共产党的抗日救国十大纲领，实行减租减息，很快与人民群众建立起亲密的关系，唤起人民群众同仇敌忾的抗日决心。当地群众提出了"吃菜要吃白菜心，当兵要当新四军"的口号，在广大人民群众中掀起了踊跃参加新四军的热潮。同时，新四军第一支队、第二支队对当地各种抗日武装采取团结、争取、扶助发展和逐步改造的政策，不断发展和扩大新四军队伍。1938 年 7 月，丹阳县抗日自卫总团在新四军的帮助下，扩编为丹阳抗日游击纵队；9 月，又改编为新四军挺进纵队，编入第一支队，对外称江南抗日义勇军挺进纵队，司令员管文蔚。不久之后，该纵队编为四个支队，共 3000 余人。此外，新四军还争取了延陵、茅山、句容、金坛、江宁、当涂、小丹阳等地的绝大部分游击武装，使之成为共产党所领导的抗日地方武装。

在发动群众的同时，第一支队、第二支队领导还在高淳、句容等地对一些社会名流、开明绅士和民族资产阶级开展工作，成立了镇江、句容、丹阳、金坛四县抗敌总会和江宁、当涂、溧水三县抗敌自卫委员会。随后，各地普遍建立起农抗会、妇抗会、青抗会、教育界救国会、商界救国会、儿童团等群众抗日团体，组织起自卫队、冬防队、游击小组等群众性抗日武装。经过艰苦的努力，苏南的抗日局面日益发展，以茅山地区为中心的苏南抗日根据地初步形成。第一支队、第二支队也获得了一定发展。10 月 1 日，第一支队第 1 团调归军部直辖。12 月 23 日，第三支队第 6 团调归第一支队建制。

◎ 第三支队主力开赴皖南抗日前线

1938 年 5 月下旬，第三支队主力随新四军军部离开皖南太平县，于 7 月初抵达泾县和南陵地区进行整训，担负保卫军部的任务。8 月 2 日，军部进驻皖南泾县云岭。中旬，第三支队开赴皖南抗日前线，展开于东起芜湖、宣城，西至青阳、大通镇，南到章家渡，北抵长江，横宽 100 余公里、纵深 50 公里的狭长地带。10 月 7 日，第三支队进入青弋江西岸的西河镇地区。

西河镇地处长江南岸，迫近日军重兵据守的芜湖和日军在华中的指挥中心南京，境内多山，便于部队隐蔽，是控制长江中下游地区交通的重要侧翼，也是新四军军部联系江北新四军部队的主要通道。日军为了实施向武汉的进攻和加紧向中国腹地的侵略，保障其海军舰艇的安全和长江运输的畅通，连续向皖南的中国军队发起进攻。西河镇一线，原来是国民革命军第三十二集团军第 144 师和第 108 师的防线，以红杨树为界。第三支队接防前不久，红杨树已落入日军之手。红杨树是防区前

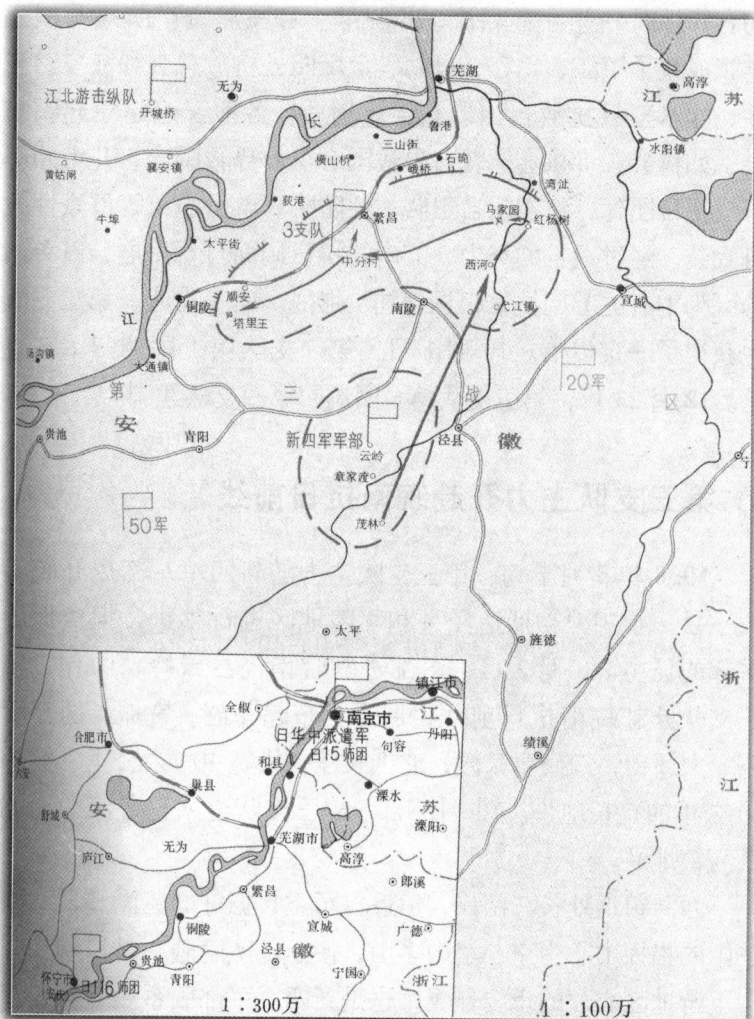

▲第三支队坚持皖南抗战态势图（1938 年 7 月—1941 年 1 月）

沿的一个要点。第三支队决心夺回红杨树。10 月上旬，第三支队第 5 团第 2 营派出十几名作战经验丰富的侦察员，利用夜色摸进红杨树，对日军进行袭击骚扰。谭震林亲率两个连到前沿指挥战斗。立足未稳的日军摸不清虚实，害怕被围歼，仓皇撤离。第三支队趁机收复了红杨树。

10月底，驻湾沚的日军第15师团步兵第60联队和第116师团一部向新四军第三支队的防区南陵东北马家园等地进攻。第三支队以第6团第3营位于马家园、夫子决、十甲村一线，担任正面防御任务；第5团团部率领第2营驻扎于西河镇，为指挥中心；第5团第3营位于跑马山，担任侧击和警戒；第5团第1营和第1团第2营位于蒲桥、青弋江一线，为预备队。第三支队之左后翼为国民革命军第144师，右后翼为国民革命军第108师。

30日，日军500余人（内有骑兵100余人），分三路向红杨树、清水潭一线发起进攻。清晨6时许，日军进至清水潭一带，遭到第6团第3营顽强阻击。毙伤日军100余人后，第3营主动向红花铺阵地转移。转移途中，与进攻红花铺的日军遭遇，经过一小时的激战，毙伤日军十余人。11月3日，日军增兵400余人，分四路向马家园、十甲村一线阵地发起猛烈攻击。经两小时激战，第6团第3营、第5团第3营在歼敌一部分后主动转移。此后，第三支队集中主力，对日军展开猛烈反击，将日军击退，乘胜收复了马家园等要点。4日清晨，第5团第3营袭击红杨树，并派出两支小分队袭击湾沚和九里山，造成日军的混乱和恐慌，日军随即仓皇退回据点。这是第三支队进入皖南前线进行的第一次大规模战斗。这次战斗，不仅"胜利地实现了守备的任务，同时也学习了阵地战的经验，说明我们不仅善于游击战，而且会打阵地战"①。

---

① 中国人民解放军历史资料丛书编审委员会编：《新四军·文献》（1），解放军出版社1994年版，第321页。

1938 年 12 月，第三支队奉国民政府军事委员会第三战区的命令，由青弋江一线调至铜陵、繁昌沿江地区，担任长江沿岸的防御作战任务。第三支队的左后为国民革命军第 114 师，其主力在狮子山，钟鸣街一线；右后为第 52 师，其主力在桂镇一带。第三支队处于整个防线的最前沿。10 月底至 11 月初，第三支队集中主力，打退了日军第 15、第 116 师团各一部共900 余人向南陵东北马家园等地的进犯，毙伤日军 300 余人。这是第三支队进入皖南前线后一次较大规模的战斗。铜陵、繁昌紧靠长江，是从长江进入皖南的门户。这里地形开阔，守备任务十分艰巨。1939 年，第三支队在第 1 团、第 3 团的协同下，在铜陵、繁昌前线共进行了 200 余次战斗，其中以五次保卫繁昌之战最为激烈。

繁昌保卫战

1938 年 11 月，日军已占领铜陵、繁昌、大通、顺安等地区。12 月下旬，第三支队刚进入铜陵、繁昌地区，就遭到日军的"扫荡"。26 日，日伪军 200 余人向第 5 团驻地中分徐发起攻击。第 5 团利用有利地形，打退了日伪军，并乘胜追击，一举攻克繁昌，占领了战略要地。从此，繁昌保卫战的帷幕便正式拉开。

1939 年 1 月 10 日，峨桥伏龙山之日军 400 余人，首次进犯繁昌。第三支队第 5 团第 2 营与敌展开激战。11 日，日军占领繁昌。13 日，第三支队集结主力进行反击，迫敌向峨桥、横山撤退，并乘胜收复繁昌。此战歼日军 20 余人。

2 月 5 日，日军 300 余人再次进犯，繁昌再度被攻占。第三支队集结主力反击，迫敌退出繁昌。

5 月下旬，占据顺安、荻港等地的日军千余人，第三次进犯繁昌。第三支队决心以机动防御方式与敌周旋，确定以一部分兵力深入到乌金岭、铁矿山、枯竹岭一带进行敌后游击，袭扰和牵制日军；另以一部分兵力前进至繁昌东北地带，钳制三山、峨桥、伏龙山之日军；支队主力三个营位于繁昌、孙村之间，寻歼日军之一路。另派出一个营至红花山一线，阻击从乌金岭前进之日军。支队司令部位于中分徐。第 1 团在清水塘、金山冲一线组织防御，配合第三支队行动。

▲繁昌保卫战中新四军阵地前

5 月 20 日，日军分两路向第三支队阵地进攻，一路经铁矿山进攻乌金岭、马厂，一路由荻港直扑孙村。当日军进至铁矿山与乌金岭之间时，遭到第 2 营第 6 连顽强阻击。因日军增援部队赶到，第 6 连主动转移。当日拂晓，第 5 团第 5 连对驻荻港东北马鞍山之日军进行了袭击。同日清晨，日军向第三支队黄毛岭阵地进攻，遭到第 5 团第 2 营打击。21 日中午，日军400 余人进至孙村以东观音庵附近，在两架飞机配合下，向第 2 营阵地猛攻，激战四个小时。第 2 营完成迟滞和消耗日军任务后，主动转移。22 日拂晓，日军由九郎庙向新屋基攻击，在余沟遭到第 5 团第 2 营狙击。当日夜，第三支队分三路袭击乌金岭、铁矿山、横山桥之日军，予日军以杀伤和消耗。23

日，第1团集结主力于新屋基四周，向日军发起反击，日军被迫撤退。

11月7日晚，日军第15师团第52联队，步骑兵600余人，附迫击炮5门，重机枪7挺，由峨桥、三山镇、横山桥等地出发，第四次进犯繁昌。第三支队决定以第5团第1营在日军必经之路马家坝附近占据有利地形，打击日军侧翼；第2营隐蔽在白马山附近，待机向西北方向之日军袭击；第3营在红花山、孙村一带加强警戒，准备打击由荻港、铁矿山方向出动增援之日军；第6团第3营担任城防，并扼守峨山头。谭震林率支队司令部进至铁门门一带。

8日晨，日军在炮火掩护下分三路向繁昌发起进攻。第5团第1营对其一路进行侧击。日军遭打击后，和另一路会合，集中力量向第6团第3营扼守的峨山头阵地猛烈攻击，企图占领要地，控制全城。第3营英勇作战，击退了日军数次冲锋。11时，日军一部突入城内。第5团第1、第2营迅速迂回到北门和西门，对突入城内的日军实施攻击，双方展开激烈巷战，守卫峨山头的第6团第3营适时组织兵力冲进城内，配合第5团第1、第2营与日军作战。第5团第1连与日军展开肉搏战。至17时，日军不支，仓皇向北门溃退。第5团和第6团第3营乘胜追击。

13日晚，日军第116师团步兵第133联队等部约600人，再次向繁昌发起进攻。第三支队早已做好应战准备。14日晨，第5团第3营对向赤滩行进之日军主动出击，打乱了日军部署，迫使其改变行进方向。日军相继占领了九龙石，乌龟山等高地。第5团第3营趁日军立足未稳，向日军指挥所九龙石高地发起冲击，与日军展开激烈的白刃战。与此同时，第5团第2营也向日军占领的乌龟山高地展开攻击。双方展开激烈的阵地争夺战。11 时，日军第一批增援部队 200 余人赶到，对攻击乌龟山的第 2 营实施反包围。第 2 营调整兵力，经反复冲锋，将日军增援部队击退。14 时，日军第二批增援部队约 400 人赶到。第 2 营机动转移，阻击日军增援。黄昏，第 6 团第 3 营向乌龟山南侧出击，与日军激战，日军被迫退出阵地。19 时，日军派出第三批增援部队约 200 人前来接应。在第三支队各部的打击下，日军于 24 时全部退回荻港、铁矿山、三江口等据点。

11 月 21 日晨，日军又调集驻荻港、铁矿山等据点的部队及石谷联队、川岛警备队共 2000 余人，分五路再犯繁昌。第 5 团第 1 营在马家坝附近对日军实施攻击，迟滞了日军的进攻。15 时，日军从西门攻入繁昌城内，并集中兵力向第 6 团第 3 营扼守的峨山头高地展开猛攻，激战数小时，该阵地为日军占领。黄昏，第 6 团第 3 营组织兵力勇猛反击，重新夺回峨山头阵地。攻入城内的日军，被第 5 团第 1、第 2 营包围，日军进行顽抗。是夜狂风暴雨，日军死守孤城，不敢出击，且粮尽弹绝，恐慌异常。23 日拂晓，日军企图突围，遭第 5 团痛击后又缩回城内。7 时许，日军拼死突出城外，向马家坝方向逃窜。

12 月 15 日，驻芜湖日军分两路向繁昌进犯。一路进占峨山头阵地；另一路进至繁昌城时，与新四军第三支队一部发生激战。16 日晚，新四军各路部队向敌发起袭击，敌不敢固守繁昌城，于拂晓前分路溃退。

12 月 21 日，日军在三山、横山桥、铁矿山、峨桥等地集结 1200 余人，第 5 次进犯繁昌。由横山桥出发之日军 300 余人，进至积谷、大行冲时，遭到第 5 团一部的顽强阻击。激战七小时，将日军击退。22 日晨，由铁矿山赶来之日军 500 余人，亦被第5团击退。12时，繁昌一度被由峨桥方向进犯之日军占领。第三支队集中主力发起总攻，至15时，将日军击退，重新收复繁昌。

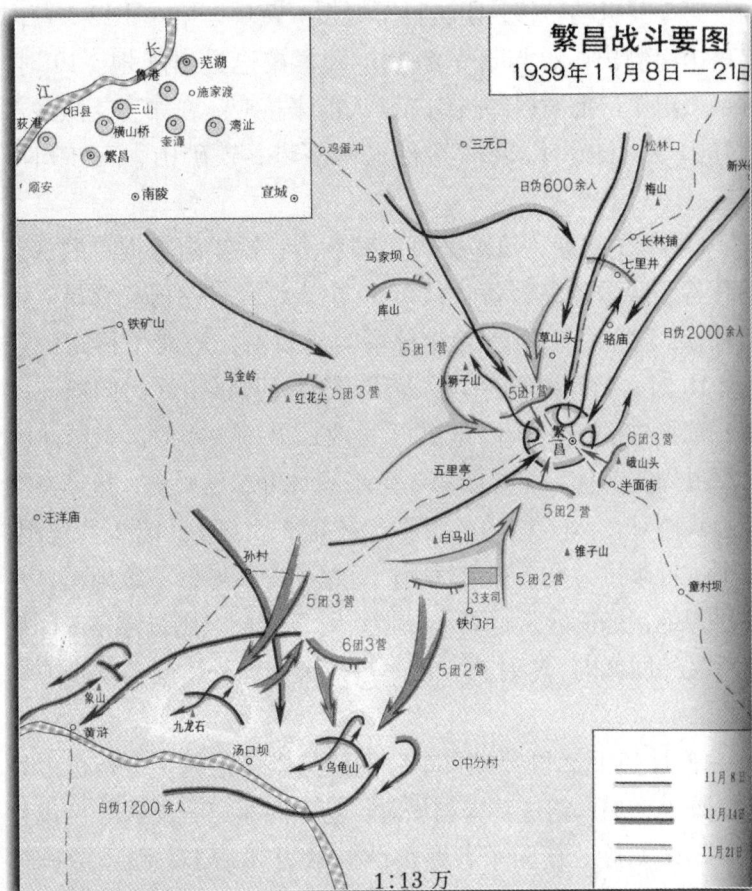

▲繁昌战斗要图

　　1939年间，第三支队在铜陵、繁昌地区作战百余次，取得了保卫繁昌的重大胜利，有效地牵制了日军向中国腹地的进攻，支援了武汉的正面战场，屏障了皖南后方徽州、屯溪重地。在积极打击日军的同时，第三支队还在皖南大力开展群众工作。部队每到一地，就向当地群众宣传中国共产党的抗日主张，讲解中国共产党的统一战线政策，发动和组织群众成立农民抗日协会和妇抗会、青抗会、儿童团，并把山区的猎户组织起来。仅繁昌县就有 1000 多人参加猎户队。他们站岗、放哨、侦察敌情，是新四军的可靠助手。铜陵的第一支民众抗日武装沙洲游击队，被编为新四军第三支队铜繁独立游击第一大队。人民群众的大力支持，使第三支队在皖南前线不断取得对日作战的胜利。

◎ 第四、第五支队在开创皖中抗日根据地斗争中发展

1938 年 3 月底，第四支队由皖西挺进皖中。4 月，展开于皖中的庐江、无为、舒城、桐城和巢县等敌后地区。这时，由国民革命军东北军第六十七军流亡官兵近百人组成的东北流亡抗日挺进团亦同时到达皖中，该部队后来扩编为东进抗日挺进纵队[①]，最后编入第四支队第 8 团。

第四支队进入皖中地区后，派出宣传队深入群众，进行宣传和组织活动，成立工人、农民、青年、妇女等抗敌协会，并派人协助中共地方组织建立和发展人民自卫队等抗日游击武装，先后在庐江、巢县、潜山等地组建了四个游击大队。至 1938 年 11 月，第四支队为配合正面战场国民党军作战，尤其

---

① 东北流亡抗日挺进队，由东北军第六十七军流亡官兵近百人组成。1938 年 7 月，第四支队将其改名为东北抗日流亡挺进纵队；8 月，改编为东北抗日挺进团，归第 8 团指挥。11 月，第 8 团将其缩编为警卫营。

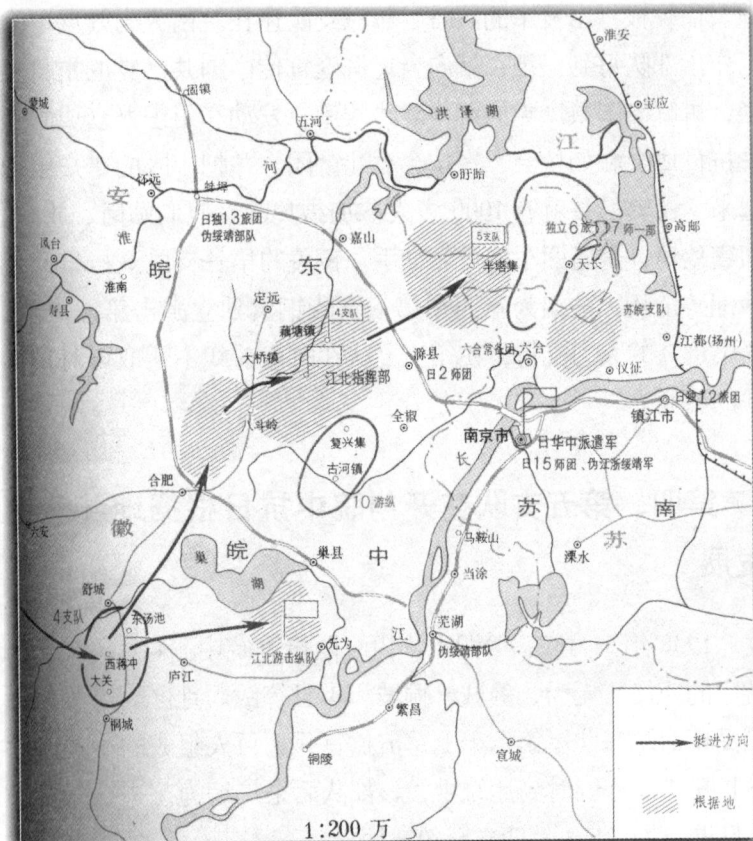

▲新四军第四支队进军皖中皖东要图（1938年3月—1940年3月）

是武汉会战，采用伏击、袭击战术，在皖中各地积极出击，共击毙击伤日军1000余人，俘获10人，击毁日军汽车150多辆，另外缴获了大量的武器弹药和军用物资，破坏了日军的运输线。

1939年7月1日，第四支队第8团扩编成第五支队。第四支队、第五支队、江北游击纵队均由江北指挥部直接指挥。整编后的第四支队由徐海东兼任司令员，戴季英任政治委员（后郑位三）兼政治部主任，林维先任副司令员，谭希林任参谋长。辖第7、第9团及由第四支队特务营和淮南抗日游击纵队（欠一个大队）组成的第14团。第7团团长秦贤安，政治委员徐世奎。第9团团长詹化雨，政治委员胡继亭。第14团团长梁从学，政治委员李世焱。第五支队由罗炳辉任司令员，郭述申任政治委员，周骏鸣任副司令员，赵启民任参谋长，方毅任政治部主任。辖第8、第10团（原第8团扩编组建的挺进团）和第15团（原第三游击纵队）。第8团团长周骏鸣兼，政治委员刘树藩。第10团团长成钧，政治委员徐祥亨。第15团团长林英坚，政治委员刘景胜。江北游击纵队由孙仲德任司令员，黄岩任政治委员，桂逢洲任参谋长，桂蓬任政治部主任，辖第一、第二两个大队。8月上旬，第四支队将地方游击武装统一整编为第二游击纵队：以第4团第1营为骨干扩编为江北游击纵队第一大队，原第一、第二大队依次改为第二、第三大队，全纵队1500余人。司令员龚同武，政治委员曹云露。12月，第一大队连同从皖南来的军部特务营的两个连，扩编为江北游击纵队，司令员戴季英。

根据江北指挥部的统一部署，第四支队在皖东津浦铁路以西的定远、凤阳、滁县、全椒一带经过两个多月的连续战斗，开辟了以定远藕塘为中心的皖东津浦路西游击根据地。江北游击纵队坚持在巢县、无为沿江地区，保持与皖南军部和大别山区中共组织的交通联系，第一大队进至和县、含山一带，开展游击战争。

第五支队成立后，即向皖东津浦铁路以东挺进。5月，方毅率第8团第2营和战地服务团一部，率先越过津浦铁路，在盱眙、天长、来安一带进行侦察。7月，第8团第3营为先头部队，向津浦路东地区挺进。8月，罗炳辉、郭述申率领第8、第 15 团和支队机关相继到达津浦路东。不久，第 10 团也进入津浦路东。

第四、第五支队在津浦路两侧携手开创了皖东抗日的新局面。至 1939 年底，江北指挥部所属部队已发展到 1 万余人，为创建淮南抗日民主根据地打下了坚实的基础。

1. 首战蒋家河口

皖中的舒城、桐城等地，是日军西犯的必经之路。第四支队进到皖中以后，和中国共产党皖中地方组织一起发动群众，积极开展游击战争，配合正面战场作战。1938 年 5 月，侵占巢县的日军经常派出小股部队，到巢湖东岸蒋家河口一带进行烧杀抢掠。蒋家河口距巢县约 5 公里，位于运漕河（即裕溪河）西岸，日军常乘船艇在这里登岸。刚刚东进到该地的第四支队第 9 团经过周密侦察，发现蒋家河口周围河道纵横，芦苇茂密，地形复杂，便于隐蔽，是理想的伏击地点，决定在河口西岸设伏，待机歼敌。

5 月 11 日下午，第 9 团侦察队和第 2 营第 4 连由银屏山出发，于 12 日拂晓前进入伏击地域。上午 8 时许，从巢县方向开来两艘日军船只。当船靠岸，日军开始上岸之际，埋伏的部队猛烈开火。遭到袭击的日军有的跳入水中企图登船逃窜，有的爬上河岸顽抗。第 4 连 3 排以火力封锁日军退路，侦察队员奋勇冲击并用集束手榴弹将船炸翻。战斗仅用了 20 分钟。日军第 6 师团巢县守备队的 20 多人全部被歼，缴获枪十余支，新四军无一伤亡。

蒋家河口战斗，是第四支队东进皖中敌后的第一仗，也是新四军挺进敌后的第一仗，拉开了华中敌后游击战的序幕。日军极为震动，不得不从正在进攻合肥的部队中，调一个大队的兵力派往巢县。新四军军威大振，各地纷纷向新四军致电祝

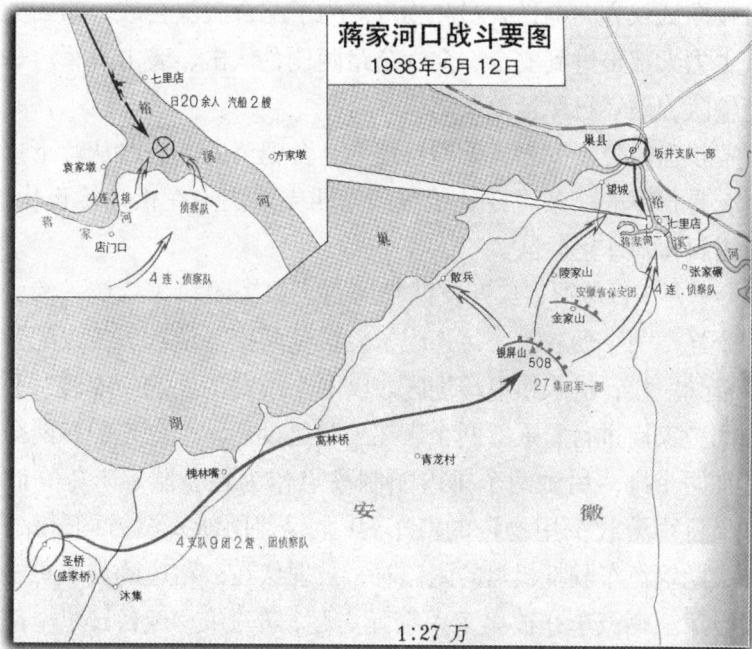

▲蒋家河口战斗要图

贺。5月16日，军事委员会主席蒋介石电贺叶挺、项英："贵军四支队蒋家河口出奇挫敌，殊堪嘉慰。"①

2. 棋盘岭战斗

徐州失守以后，日军控制了淮南铁路全线，接着以长江为中轴线，以南北为两翼，多路向武汉推进。驻合肥地区日军用一个师团兵力，直趋安庆，配合溯江而上之日军行动；另遣一部分兵力由合肥攻六安，经大别山北麓西犯武汉。安（庆）合（肥）公路、合（肥）六（安）公路上，日军汽车运输队

---

① 中国人民解放军历史资料丛书编审委员会编：《新四军·参考资料》（2），解放军出版社1994年版，第60页。

日夜向武汉方向输送人员和物资。为了配合武汉会战，第四支队主力大部推进到安合、合六公路两侧，伏击、袭击日军汽车运输队，破坏日军运输计划。

棋盘岭位于安徽省桐城县境内。合肥至安庆公路从岭下穿过，是日军的一条重要补给线。第四支队决定在棋盘岭设伏，打击日军汽车运输队。

9月3日凌晨，第四支队特务营、第7团第3营统一编成四个连、两个便衣班，每连配备轻机枪两挺，便衣班每人配备手榴弹三枚，进入棋盘岭地区。以两个排对南面的新安渡、北面的范家岗进行警戒，两个班在公路边设伏，主攻点配备两个连加两个排，另派两个排占领制高点作为预备队。上午9时许，日军满载军用物资的汽车80余辆，由新安渡方向开来，先头两辆汽车驶抵棋盘岭隘口时，被埋伏在公路边的便衣班击毁。第三辆汽车亦被集束手榴弹炸翻，车上的10名日军全部被击毙。日军的车队进入伏击圈，停在公路上长达5公里。设伏部队迅速出击，押车的200余日军利用汽车掩护组织顽抗。设伏部队勇猛冲击，当即杀伤日军一部分，烧毁、炸毁汽车40余辆，余敌退至棠梨山继续抵抗。激战半小时后，日军300余人乘6辆汽车来援，不久，日军骑兵500余人又赶来救援。第7团除留下少数部队掩护，主力迅速安全转移。

在此前后，第四支队对安合公路其他地段的日军汽车队进行了多次袭击。6月16日，第8团在舒（城）桐（城）段的大关、小关伏击日军，毙日军23人，俘一人。8月17日，第8团又在舒桐段公路上伏击日军汽车十余辆，毙日军四名。9月，第7团第1营在合肥至六安公路上三十里岗袭击日军骑兵，毙伤日军近百人。9月1日，第7团第3营在安庆至桐城公路上范家岗地区，伏击日军汽车运输队，毙日军十四人，缴获步枪 10 余支及部分军用品。10 月 9 日，第 7 团在合肥至六安公路上的椿树岗附近，击毁日军汽车 65 辆，毙日军 46 人，伤日军百余人，俘日军运输队长一人；第 3 营在安庆至桐城公路上的铁铺岭地区伏击日军汽车运输队，毙日军 29 人，缴获步枪 28 支。9 月 17 日，第 7 团第 3 营在棋盘岭再次伏击日军汽车队，毙伤日军近百人，击毁装甲车两辆，缴获步枪 38 支。支队特务营于 8 月 25 日攻克日军第 6 师团步兵第 13 联队设在舒城大杵街的据点，毙日军 51 人。第 7 团第 2 营于 9 月 28 日在巢县袭击驻运漕的伪军，毙伪军 50 余人，俘伪军副司令以下 160 余人，缴获步枪 150 余支、轻机枪 6 挺、驳壳枪 21 支。

自 1938 年 5 月至 11 月，第四支队为配合正面战场作战，支援武汉会战，在皖中各地积极出击，取得大小数十次战斗的胜利，共毙伤日军 1000 余人，俘 10 人，击毁日军汽车 150 余辆，缴获大批武器弹药、军用物资，破坏了日军的运输，牵制了日军的行动。到 1939 年 1 月和 3 月，第四支队各部分散活动，积极袭扰日军。第 7 团在淮南铁路两侧的备头集、太平巷、朱龙镇、顾家圩、谢家圩等地对日作战，共毙伤日伪军 150 余人。支队特务营在怀宁县月山、沟口、十里铺等地毙伤日伪军 400 余人。2 月 19 日，驻合肥日军独立混成第 13 旅团 1000 余人，趁春节之际偷袭驻巢县东山口的第 8 团。第 8 团奋起反击，击退日军多次进攻，毙伤日军 150 余人。

3. 来安战斗

1939 年 9 月 3 日，驻滁县的日军独立混成第 13 旅团步兵第 65 大队一部及伪军共 300 余人，侵占来安县城，企图以来安为依托，切断津浦路两侧新四军部队的联系，逼迫第五支队退回津浦路西。为了粉碎日军进攻，第五支队决定趁日伪军立足未稳，围攻来安。罗炳辉率领支队与日伪军激战三日，击毙日伪军 100 余人，其余日伪军仓皇逃跑。这是第五支队挺进皖东敌后的第一仗，首战告捷，士气大振。11 月 20 日，日军一部和伪军一部共 400 余人，再次占领来安。日军另一部隐蔽在距县城 10 多里的百石山，准备伏击新四军第五支队。第五支队一部趁深夜绕过百石山，直逼来安城，潜入城内，先歼日伪军一部，接着又在城外痛击从百石山来援之日军。日伪军弃城而逃，第五支队再次收复来安县城。此次战斗，共毙伤日少佐指挥官以下日伪军 200 余人。第五支队在皖东的胜利，为立足皖东、开辟皖东、发展皖东打下了基础，继而逐步开辟了以半塔集为中心的皖东津浦路东抗日游击根据地。

4. 周家岗反"扫荡"作战

新四军在皖东的发展，使日军感到不安。12 月中旬，日军从南京、明光、蚌埠等地抽调日伪军共 2000 余人，配备各种炮十余门及部分骑兵，集结于滁县、沙河集、全椒等地，分三路向第四支队驻地全椒西北部的周家岗地区"扫荡"。江北指挥部针对日军的部署，依据周家岗地区的地形，决定避其锋芒，击其弱翼，出其不意在运动中打击日军。徐海东根据江北指挥部的部署，从第四支队司令部驻地滁县太平集赶到第 7 团团部，进行作战部署，指挥反"扫荡"作战。第 7 团第 7、第 8 两个连，占领周家岗西北常山岭一线阵地，阻击向太平集支队司令部进犯之日军；第 7 团第 1、第 2 营和第 3 营第 9 连，于周家岗西南山地设伏，第 9 团在周家岗以南的复兴集、玉屏山一带构筑阵地。

12 月 19 日，日军开始出动。21 日，由全椒进至大马厂的日军 1000 余人向周家岗发起进攻，遭到玉屏山第 9 团的阻击，退回复兴集。随即日军集中炮火轰击第 9 团阵地。第 9 团一个连适时对退守复兴集的日军进行攻击，迫使日军退守大马厂一

▲徐海东（中坐者）和他的警卫员们

带。21 日上午，由滁县、全椒出动的日军合击并占领了周家岗。下午 4 时许，占领周家岗之日军向复兴集前进，企图与被阻于大马厂之日军会合。当日军进入第 7 团预伏地域时，第 1 营立即发起冲锋，将日军队伍截为数段。遭到伏击的日军龟缩于山根曹、西何家庄等山村，凭险固守。入夜，第 1 营又对该地日军进行攻击，第 1 连反复冲锋十余次，日军损失惨重。

驻巢县的日军，为配合对周家岗地区的"扫荡"，出动近千人，于 21 日经含山进攻全椒西南的古河镇。驻守古河镇的国民革命军第 138 师一部和第 10 游击纵队，没有挡住日军的疯狂进攻，撤退到和县的善厚集。古河镇被日军占领。

"扫荡"周家岗地区的日军，遭到新四军的打击，不得不于 23 日上午开始撤退。新四军收复了被日军占领的周家岗、复兴集、大马厂、古河镇等地。

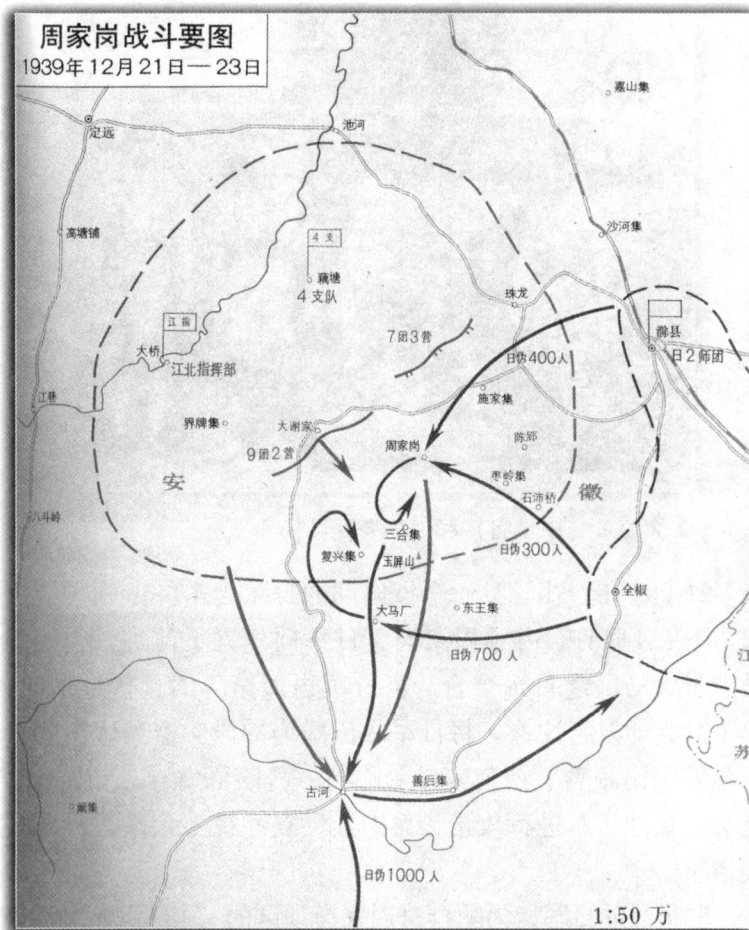

周家岗战斗要图
1939年12月21日—23日

1:50 万

▲ 周家岗战斗要图

◎ 游击支队在初创豫皖苏边抗日根据地斗争中发展

豫皖苏边区位于津浦、陇海铁路及新黄河、淮河之间，对沟通华北、华中联系，发展华中敌后游击战争十分重要。1938

年春，中共中央决定派八路军总部参谋处处长、驻晋办事处主任彭雪枫担任中共河南省委军事部部长，筹划豫皖苏边区抗战事宜。不久，张震也从八路军驻晋办事处到河南。彭雪枫、张震到达河南省确山县竹沟镇后，协助中共豫南特委将豫南人民抗日军独立团整编为新四军第四支队第8团。第8团东进后，在竹沟镇设立了留守处。与此同时，竹沟教导队扩编为军政教导大队，培养抗日干部，进行统一战线工作，为开展敌后游击战争做准备。

徐州失陷后，中共中央于5月22日发出《关于徐州失守后华中工作给长江局的指示》，要求河南省委应即"动员沿平汉、陇海两铁路线，所有中心城市的大批学生、工人、革命分子到乡村中去组织与领导群众，准备发动游击战争，组织游击队，建立游击区"①。遵照中共中央的指示，中共河南省委立即布置、发动全省和领导苏鲁豫皖边区特委开展抗日游击战争的工作，决定将工作重心由豫西为主逐步转为以豫东为主。随后，中国共产党地方组织在豫东组建西华人民抗日自卫军和豫东人民抗日游击第三支队；在鲁南组建第五战区游击总指挥部人民抗日义勇团第一总队，9月，改称国民政府山东省第三区保安司令部直辖第4团（简称直辖第4团）；在（微山）湖西组建人民抗日义勇队第二总队。12月，直辖第4团和人民抗日义勇队第二总队编入八路军山东纵队。

7月初，新四军驻竹沟留守处70余人根据中共河南省委的指示，以先遣大队的名义东进豫东，后进入睢县、杞县地区，与豫东人民抗日游击第三支队会合。9月28日，游击支

---

① 中国人民解放军历史资料丛书编审委员会编：《新四军·文献》（1），解放军出版社1994年版，第113页。

队在竹沟召开东征誓师大会。9 月 30 日，新四军驻竹沟留守
处又派出 370 余人，以游击支队的名义东进。该支队于 10 月
中旬到达豫东西华县杜岗，与先期到达的先遣大队和豫东人

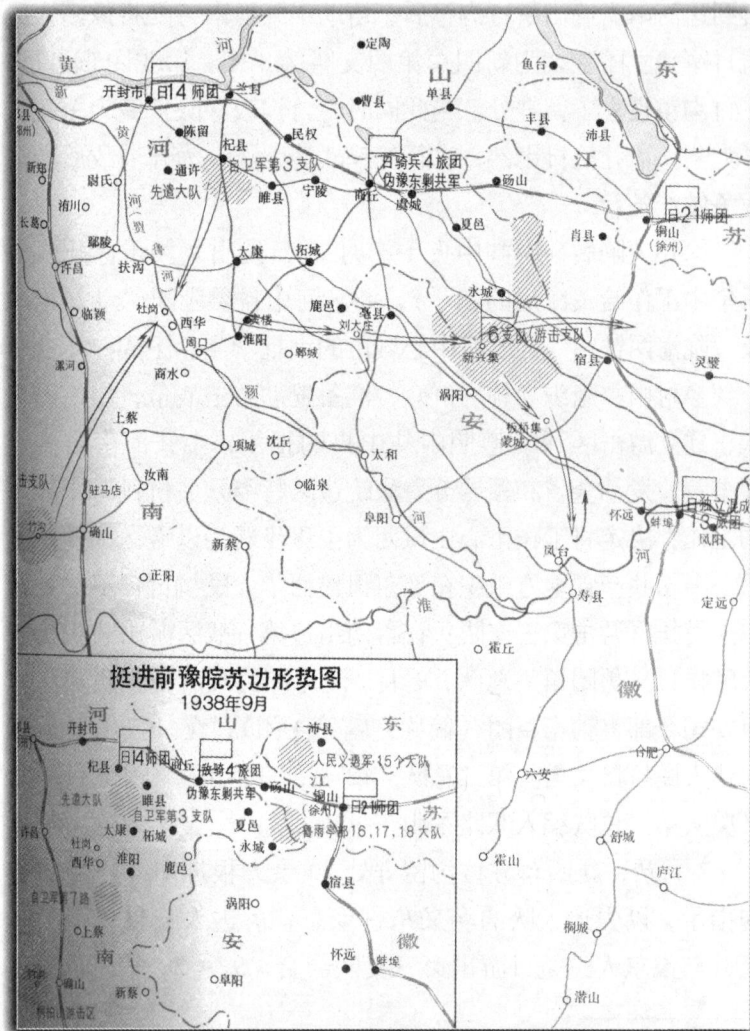

▲ 游击支队挺进豫皖苏边要图（1938 年 10 月—1939 年 2 月）

民抗日游击第三支队会师。10 月 12 日，三支部队合编，正式组成新四军游击支队，司令员兼政治委员彭雪枫，副司令员吴芝圃，参谋长张震，政治部主任萧望东，下辖三个大队和一个警卫连，共 1000 余人。同时成立支队党政军委员会，彭雪枫为主席。

10 月 24 日，游击支队从西华县出发，东渡新黄河，继续向豫皖苏边敌后挺进。25 日夜，穿过淮（阳）太（康）公路日军封锁线。26 日，到达淮阳东北部窦楼地区。10 月下旬，新四军游击支队东渡新黄河，继续向豫皖苏边敌后挺进。27 日，在淮阳东北部窦楼地区歼灭日军十余人。

窦楼位于淮阳至柘城、鹿邑至太康公路交叉点上，两条公路上经常有日军汽车及骑兵往返。游击支队到达窦楼地区，引起日军的警觉。27 日，驻淮阳东北戴集之日军骑兵百余人，向窦楼地区的游击支队发起进攻。游击支队迅速在窦楼南侧展开，以第一大队一部占领马菜园北有利地形，支队主力对日军进行侧击和包围。

上午 9 时左右，第二大队在马菜园、各庄一线，与日军激战。第一大队一部由窦楼东南向日军右翼出击，第三大队第 7 中队由马菜园东南向日军左翼迂回，使日军三面受击。激战两小时，日军消耗过大，难以抵挡，退回戴集。窦楼之战是游击支队挺进豫东敌后的第一仗，首战告捷，打击了日军的气焰，鼓舞了部队的士气，扩大了新四军在豫东地区的影响。

11 月下旬，游击支队进入豫东睢县、杞县、太康地区，在地方武装的配合下，相继袭击了睢县之西陵寺，击溃汉奸武装马培善部，在睢县于厢铺全歼伪军 300 余人，在杞县之后李庄两次攻击汉奸武装胡祥生部，在陈寨击溃土匪武装彭玉赞部，在宋庄全歼汉奸武装刘子坚部。随后，又粉碎了日伪军

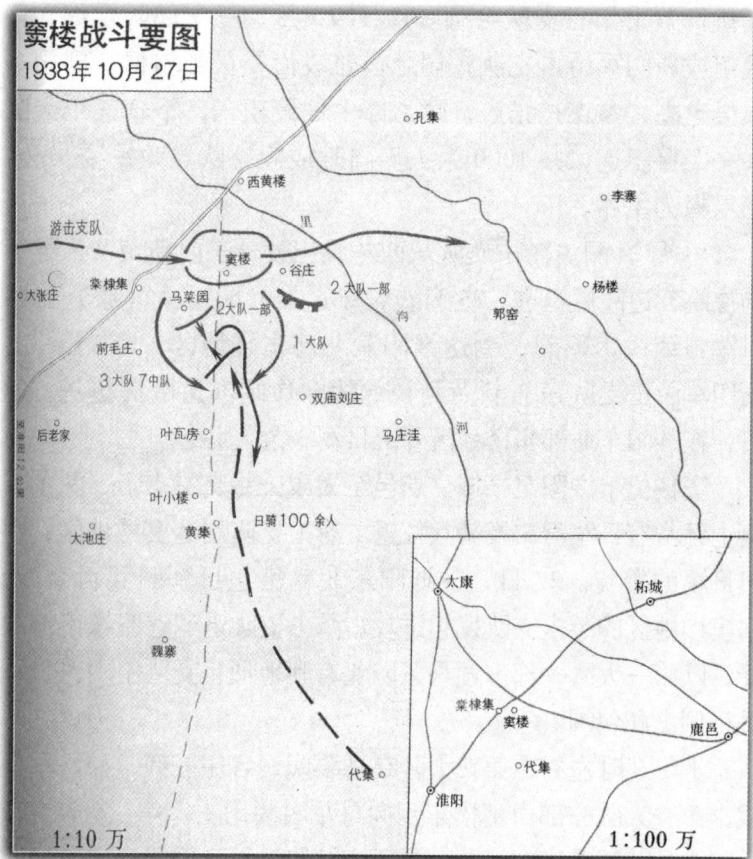

▲窦楼战斗要图

2000 余人对睢（县）杞（县）太（康）商（丘）地区的"扫荡"，初步打开了豫东敌后的抗战局面，游击支队也在战斗中得到了发展。12 月上旬，游击支队在鹿邑县白马驿进行整训，将第一大队、第二大队、第三大队整编为第 1 团、第 2 团和独立营。至 1938 年底，游击支队超过 3400 人，有轻重机枪 30挺，长短枪 2300 余支。12 月 30 日，毛泽东、王稼祥致电彭雪枫，对新四军游击支队给予了赞赏："你在豫皖苏地区发展游击战争，创立根据地计划是很对的，并已开始获得成绩，望放手做去，必收大效。"①

1939 年初，游击支队继续东进，向豫东、皖北的永城、亳县地区挺进。此前，受八路军驻武汉办事处派遣，寿松涛等十余人经竹沟先期抵达永城县，在国民革命军中开展统一战线工作，举办抗日干部训练班，培训了 300 多名抗日青年，恢复和建立了部分中国共产党地方组织，争取与发展了一些地方武装，为游击支队东进永城地区开辟根据地创造了有利条件。

▲新四军游击支队挺进永城

1939 年 2 月，游击支队进至永城西南书案店地区。随着部队的扩大，为了便于指挥，3 月，游击支队再次进行整编，第一、第二、第三大队依次改称第 1、第 2 团和独立营，并组建了西华东进支队和雎杞太独立大队。第 1 团团长张大生，政治

① 中国人民解放军历史资料丛书编审委员会编：《新四军·文献》(1)，解放军出版社 1994 年版，第 475 页。

委员李耀。第 2 团团长滕海清，政治委员谭友林。

经过整编的游击支队，以新的姿态与日伪军展开了游击战。3 月 26 日，日伪军 2000 余人，在汽车 82 辆、装甲车 14 辆、坦克 7 辆的配合下，袭击游击支队独立营驻地杞县西南的瓦岗集，遭到独立营的顽强抵抗。经一天激战，独立营击毁日军汽车三辆，打退了日伪军的进攻。独立营随即主动转移，返回永城书案店地区，与睢杞地方武装合编为游击支队第 3 团，团长周时源，政治委员孔石泉。

4 月，永城、商丘日伪军 2000 余人，汽车 30 多辆，飞机两架，向永城西部地区"扫荡"。4 月 15 日，游击支队第 1 团在萧县地区，第 2、第 3 团在亳县、夏邑地区，破坏交通，袭击日伪军，积极配合友军作战，共同打击进犯豫东、皖北之日伪军。6 月 3 日，游击支队第 2 团粉碎了驻宿县日伪军的合击，毙伤日伪军 40 余人，击毁日军汽车三辆。

为进一步扩大根据地，打通与江北指挥部联系并解决游击支队的财政经济困难，6 月 15 日，游击支队派遣第 2 团进军淮上地区。① 20 日，彭雪枫率游击支队领导机关也到达淮上。部队展开于怀远、凤台、宿县、蒙城广大地区，积极打击日伪军。第 2 团先后于 6 月 20 日夜袭怀远城，击溃守军一个中队，毙伤日伪军数十人；6 月 26 日伏击由蚌埠进扰田家庵之日伪军，毙伤日伪军数十人，击毁日军汽艇一艘。7 月，活动于萧县、宿县、永城地区第二游击支队第 1 团，连续出击，袭击驻永城伪军王福来部，歼其两个中队。8 月 2 日，游击支队睢杞太独立大队在睢县以南宋庄，伏击由太康开往睢县之日军 200

---

① 淮上地区，指淮河以北、涡河以南、津浦铁路以西、宿县至凤台公路以东地区。

余人，毙伤日军联队长以下 20 余人。游击支队第 2 团于 8 月 4 日袭击怀远以西上桥日军据点；5 日，再次袭击怀远，攻克日军小龟山阵地；10 日，在怀远魏桥、张庄伏击日伪军 190 多人，毙伤日伪军数十人。

游击支队在淮上地区主动出击，连获胜利，淮上地区人民欢欣鼓舞，纷纷慰劳新四军，踊跃参加新四军，游击支队影响不断扩大，队伍不断壮大。曾任永城县县长的爱国人士鲁雨亭，在中国共产党正确政策和新四军抗日行动影响下，率湖西人民义勇军第二总队第二大队近千人加入新四军。8 月下旬，该部被改编为游击支队第一总队，总队长鲁雨亭，政治委员孔石泉，辖四个大队，共 966 人。年底，四个大队合编为两个团。第 1 团团长刘子仁，政治委员王静敏；第 2 团团长孔庆同，政治委员萧学林。

在游击支队东进豫皖苏边的同时，活动于鲁西南地区的八路军苏鲁豫支队①，遵照中共中央的指示，于 1939 年 5 月南下苏皖边，进入皖东北。八路军山东纵队陇海南进支队②一部，也南下邳县、睢宁、铜山地区。与此同时，游击支队党政军委员会研究确定，由中共豫皖边省委书记张爱萍带干部化装进入皖东北进行侦察，对当地日伪的情况和地形特点有了进一步的了解，认为新四军游击支队向皖东北发展，不但在战略上是十分重要的，而且是完全可能的。

---

① 苏鲁豫支队的基础为八路军第 115 师第 343 旅第 685 团，曾参加平型关战役。1938 年 12 月进入鲁西南微山湖区。1939 年 5 月，与当地地方武装合编为苏鲁豫支队。司令员彭明治，政治委员吴文玉（吴法宪）。辖四个大队（团），共 9000 余人。

② 1938 年 12 月，山东纵队派钟辉率 20 余人至陇海路北邳县许楼，将邳睢铜地方武装组建成八路军陇海南进支队。钟辉任司令员兼政治委员。1940 年 3 月，韦国清任政治委员。

1939 年 7 月，张爱萍以八路军、新四军代表的名义，率新四军游击支队部分干部再次到皖东北，与当地共产党组织和八路军挺进陇海路南的两支部队取得联系后，大力开展统一战线工作。

早在 1938 年秋，中国共产党安徽省工委已派江上青等到皖东北开展工作，建立了中国共产党皖东北特别支部，江上青任书记。江上青利用他担任国民政府安徽省第六行政区专署秘书和第六抗敌指挥部政治部主任的公开身份进行抗日活动，发展抗日武装。同时中国共产党皖东北特别支部开办皖东北军政干校，培养了一批抗日干部，秘密发展了一批中共党员，并将活动在宿（县）东一带的地方武装赵汇川部安插到安徽省第六抗敌指挥部，编为第三支队。

张爱萍到达皖东北以后，代表新四军与国民政府安徽省第六行政区专员盛子瑾达成协议，在皖东北设立八路军新四军办事处，张爱萍任主任。同时，在泗县张塘建立中国共产党皖东北工委，张爱萍任书记。

9 月 1 日，中国共产党豫皖苏区和游击支队在安徽省涡阳县曹市集召开代表会议，传达了中国共产党六届六中全会精神，讨论了豫皖苏边区的形势和任务。会议作出了建党、建军、建政、建立抗日群众团体，培养地方干部，发展地方武装，大刀阔斧地开辟与创建豫皖苏抗日民主根据地等重要决议。这次会议的成功召开，标志着游击支队的发展和豫皖苏抗日民主根据地的创建，进入了一个全新的时期。

9 月 2 日，第 1 团夜袭永城、夏邑间酌小马牧集伪军据点，全歼该据点伪军。5 日，睢杞太大队在太康西部的芝麻凹地带，歼日伪军百余人。

由中共豫东特委领导的西华人民抗日自卫军于 12 月 11

▲新四军游击支队团以上干部于 1939 年 9 月在涡阳县曹市集合
影。一排左起：李耀、谭友林、王静敏、肖望东、方中铎、林
士笑、王子光、周时源。二排左起：雷明、资风、腾海清、彭
雪枫、任泊生、吴芝圃、张先舟。三排左起：张震、王少庸、
岳夏。

日，被改编为游击支队第二总队，总队长胡晓初，政治委员向
明。辖第 4、第 5 团。第 4 团团长屈申亭，第 5 团团长侯香山。
12 月，萧县游击支队和宿县独立团整编为游击支队第三总队，
总队长耿蕴斋，政治委员谭友林。辖第 7、第 8 团。第 7 团团
长赵海枫，政治委员李中道，第 8 团团长李时庄，政治委员周
启邦。游击支队派第 1 团及党政干部 120 余人赴皖东北。12 月
下旬，淮北津浦路东的新四军部队及地方武装合编为第四总
队，总队长兼政治委员张爱萍。辖第 10、第 11、第 12 团和独
立第 1 团。第 10 团团长兼政治委员张太生。第 11 团团长赵汇
川，政治委员蔡明。第 12 团团长徐崇福。独立第 1 团团长石
青。在此期间，还增建了永城独立团，团长寿松涛；睢杞太独

立团，团长兼政治委员兰侨；支队特务团，团长程致远，政治委员蔡永。

至 1939 年底，新四军游击支队已经发展为三个主力团、四个总队、一个特务团和三个独立团，17800 余人。作战 80 余次，毙伤日伪军 5300 余人，俘日伪军 1200 余人，缴获枪 1670余支，机枪 51 挺、炮 4 门和大批弹药。胜利地完成了挺进豫皖苏边实行战略展开的任务，豫皖苏边抗日民主根据地已初具规模。

◎ 豫鄂独立游击支队挺进武汉外围

豫鄂边区地处武汉周围长江两岸，是中原的战略要地。1938 年 10 月武汉失守后，中国共产党积极开展统一战线工作，动员各界民众抗战，在豫南、鄂中和鄂东等地区先后组建了 20多支人民抗日武装，成为豫鄂边区敌后抗战的基本队伍和骨干力量。

1938 年 5 月 22 日，中共中央书记处电示长江局："立刻成立鄂豫皖省委，领导津浦路以西、平汉路以东、浦信公路以南的广大地区的工作。""组织与领导群众，准备与发动游击战争，组织游击队，建立游击区。……长江局应有计划地分配党员到这些地方，建立各地党的领导机关，大力发展党的工作与党的组织。"① 指明了共产党在鄂豫皖三省发展敌后游击战争的方针和任务。

1938 年 10 月，武汉及其周围各县被日军占领以后，豫鄂

---

① 中国人民解放军历史资料丛书编审委员会编：《新四军·文献》（1），解放军出版社 1994 年版，第 113 页。

边的广大民众在共产党的领导和影响下，纷纷揭竿而起，搜集枪支，创建抗日游击队，点燃武装抗日的烽火。

在豫南地区，设在河南省确山县竹沟镇的新四军第四支队第8团留守处，有两个排70余人，还有彭雪枫以留守处名义创办的400多人的教导队。1938年10月，彭雪枫率领游击支队东进豫皖苏边以后，中共中央又多次从延安等地派出干部和少量武装队伍到竹沟镇，力量不断壮大。

1938年10月，信阳沦陷后，中共豫南特委同国民政府信阳县长李德纯协商，争取合作抗日。11月，以信阳县常备队和警卫队，竹沟留守处一个分队，共产党员朱大鹏（朱军）领导的国民革命军第七十七军桐柏山区工作团中的两个分队为基础，合编成立信阳挺进队，共300多人。李德纯兼司令员，朱大鹏任副司令员，竹沟留守处参谋长王海山任参谋长，中共信阳中心县委书记危拱之（女）任政治部主任。此外，在平汉铁路以东的信（阳）罗（山）交界处，以中国共产党地方组织开办的训练班为基础，成立了平汉铁路工人破坏大队。中共河南省委陆续派干部和工作人员到该大队工作，该大队很快发展到200多人。在平汉铁路两侧信阳境内活动的信阳谭家河农民自卫大队，也已发展到170多人，并于1938年12月编入信阳挺进队。同时编入的还有泌阳牛堤自卫队100余人。豫南地区武装力量的发展，为开展敌后游击战争积蓄了力量。

在鄂中地区，早在武汉沦陷前，董必武即已通过上层统一战线关系，在应城县开办训练班，由中共湖北省工作委员会副书记、宣传部长陶铸主持，先后培养了数百名抗日骨干。1938年8月，陶铸派顾大椿等人到京山县石板河，发动群众，建立了石板河抗日自卫队。10月，中共鄂中特委将应城地区的抗日武装统一整编为应城县抗日游击队，后改称应城县抗敌自卫总队，共约 500 人。在应山县，有共产党员掌握的应山县抗敌自卫团第 2 大队，约 300 人。在孝感地区，原红四方面军干部许金彪创立了抗日自卫队，后改称湖北省抗日游击大队，约 500 人。

在鄂东地区，中共湖北省委曾在黄安县（今红安县）七里坪开办过游击干部训练班和青年训练班，培养了大批抗日干部。1938 年 3 月，中共豫鄂边特委改称中共鄂东特委，郑位三任书记，方毅任副书记，同时成立了中共（黄）安麻（城）、经（扶）光（山）、罗（山）南、（黄）安北、黄安、黄冈、浠水、黄梅等县委、工委及黄陂特别支部，在广大农村恢复和重建了中共组织，发动群众，收集武器弹药，建立抗日游击武装。10 月 24 日，中共黄冈县委领导的游击队，整编为鄂东抗日游击挺进队，张体学任队长。11 月间，挺进队发展到 400 余人。为取得合法名义，挺进队后改编为国民革命军第二十一集团军第五游击大队，并发展到 730 余人，活动于麻城县夏家山地区。至 1939 年上半年，第五游击大队已发展到十一个中队 1000 余人。

在鄂皖边的黄梅，宿松地区，中共鄂皖地委将当地的游击武装 300 余人进行组编，5 月，在黄梅县太白湖南周先湾成立江北游击第八大队，辖五个中队和手枪队，在黄梅的山地和湖区活动。

此外，在豫鄂边的白马山地区，由竹沟留守处的两个排、梅店自卫队、农民、学生，于 1939 年 1 月合编组成新四军第六游击大队。大队长罗厚福，政治委员熊作芳，辖两个中队，共 100 余人。

1938 年 11 月，中共中央中原局成立后，为了从军事上迅速打开武汉周围地区的抗战局面，决定组建一支新四军部队向武汉外围敌后挺进。1939年元旦前后，中共豫鄂边区委以新四军竹沟留守处两个中队和从延安来的60多名红军干部为基础，组建新四军独立游击大队，对外称新四军独立游击支队。1939年1月17日，独立游击大队共160余人由河南确山竹沟南下武汉外围地区发展。2月底，李先念率独立游击大队离开四望山向平汉铁路以东的信（阳）罗（山）边挺进，在当谷山、灵山冲与当地的中共组织及所领导的抗日武装会合。3月，由王海山率领的信阳挺进队两个中队也到达信罗边，先后收编了几支地方武装，挺进队扩编为三个支队。2—5月，独立游击大队与信阳第六游击大队、应城县抗敌自卫团相配合，相继进行余家店和公安寨等战斗，多次打击日伪军。5月中旬，新四军独立游击大队与湖北省抗日游击大队、应山县抗日自卫队两个中队合编为新四军挺进团。这是新四军在豫鄂边区的第一个主力团。

在李先念率独立游击大队向鄂中挺进后不久，中共豫鄂边区委组织部长陈少敏（女）于1939年4月率约一个连的兵力离开竹沟南下，月底到达四望山地区，和信阳挺进队会合。随后，陈少敏率信阳挺进队两个中队150余人和竹沟留守处干部50余人，自四望山向鄂中挺进。5月，李先念率独立游击大队到达小悟山地区，与许金彪领导的湖北省抗日游击大队会合。5月9日，主力转移到平汉路西安陆赵家棚地区。同时，中共鄂中区委在应山组建的两个中队，在杨焕民率领下，也到达赵家棚地区。为统一指挥，经中共中央中原局批准，将上述部队合编组成新四军挺进团，团长许金彪，政治委员周志坚，辖三个大队。6月6日，陈少敏率部抵达赵家棚，部队亦编入挺进团。

根据中共中央中原局指示，中共鄂中区委决定，将共产党领导的豫南、鄂中武装统一整编为新四军豫鄂独立游击支队，司令员李先念，政治委员陈少敏（不久由陶铸代理），下辖第1、第2、第3团队和挺进团队。6—8月，该支队又相继组建信（阳）南第3团和第4、第5团队。从此，中共豫鄂边区委领导的抗日武装公开打出新四军的旗帜，在统一的指挥和领导下，于豫鄂边区开展抗日斗争。

1939年6月上旬，李先念、陈少敏率新四军挺进团第一大队到达京山县大山头，与中共鄂中区委领导的应城县抗敌自卫总队第三、第四支队会师。中旬，中共鄂中区委在京山县养马畈召开会议，李先念、陈少敏传达了中共六届六中全会精神和中原局关于整编与扩大鄂中抗日武装的指示。6月19日，会议接到刘少奇、朱理治发给会议的电报，指出"在目前鄂中党的中心任务，是在于最短期内，扩大与创立一支五千人以上的党可直接领导下的新四军。只有完成这一中心任务，才能在目前及可能的长久摩擦之下，确立我党在鄂中之地位，才有可能应付各种事变"；"新四军的指挥与编制要统一，只有这样，才能增强战斗力量"。① 根据电报指示精神，会议决定统一整编豫南、鄂中的抗日武装，组建成立了新四军豫鄂独立游击支队。李先念任司令员，中共鄂中区委书记陈少敏兼任政治委员（后陶铸代理），杜石公任参谋长，廖毅任政治部主任（后郑绍文）。辖第1、第2、第3团队和挺进团队。② 第1团队团长张文津，政治委员周志坚。第2团队团长王海山，政治委员钟伟。第3团队团长蔡松荣，政治委员杨焕民。挺进团队团长许

---

① 中国人民解放军历史资料丛书编审委员会编：《新四军·文献》（1），解放军出版社1994年版，第546页。

② 豫鄂独立游击支队所属部队，称团队、大队、中队、小队，1940年8月后依次改称团、营、连、排。

金彪，政治委员杨子明。7 月，又组建第 5 团队，团长肖远久，政治委员刘子厚。8 月，组建了第 4 团队，团长李人林，政治委员雍文涛。同时，由中共豫南特委组建信南 3 团，团长朱大鹏，政治委员任质斌，也列入支队序列。养马畈会议的召开，豫鄂独立游击支队的成立，标志着豫鄂边区敌后抗日游击战争进入一个新的发展阶段。

新四军豫鄂独立游击支队组建后的中心任务是：放手发动与组织群众，以模范的纪律和积极的行动，建立新四军的威望，争取更多的合作者，扩大与巩固抗日武装力量，开展豫鄂边敌后抗日游击战争。11 月初，信南 3 团与第 5 团队合编，仍称信南 3 团，团长肖远久，政治委员刘子辱，在信阳南、应山北活动。挺进团队在安陆赵家棚地区活动。这样，在武汉周围，平汉铁路两侧的广大乡村，新四军豫鄂独立游击支队在广泛的敌后开展抗日游击战争。

豫鄂独立游击支队建立后，积极进行抗日根据地建设。1939 年夏，中共鄂中区委建立半军事、半政权性质的抗日群众组织——抗日十人团。此后，全边区共发展十人团团员 12 万余人。在边区各级政权机关建立后，抗日十人团为工、农、青、妇、商等各界救国会的组织所代替。8 月 2 日，第 1 团队在安陆憨山寺地区伏击日军，毙伤日军十余人，击毁汽车五辆。8 月 4 日，挺进团队一部在安陆赵家棚地区粉碎日军 1000 余人的进攻，毙伤日军数十人。第 3 团队和第 1 团队各一部进攻应城魏家河伪军，毙伤伪军副团长以下 20 余人。9 月初，第 4 团队飞越汉水，一度攻克汉阳蔡甸镇，痛击伪军第 92 师熊光部，歼敌百余人。11 月初，信南 3 团与第 5 团队合编，仍称信南 3 团，团长肖远久，政治委员刘子辱，在信阳南、应山北活动。挺进团队在安陆赵家棚地区活动。这样，在武汉周围，平汉铁路两侧的广大乡村，新四军豫鄂独立游击支队在广泛的敌后开展抗日游击战争。至年底，豫鄂独立游击支队共进行朱堂店、新街等大小战斗100余次，歼灭日伪军5000余人，开辟了天门、汉川以北，信阳以南，京山、随县以东，平汉铁路以西范围的抗日根据地，部队发展到9000余人。

1940年1月3日，新四军豫鄂独立游击支队在京山八字门扩编为豫鄂挺进纵队，司令员李先念，政治委员朱理治，下辖第1、第2、第3、第4、第5团队和信（阳）应（山）游击总队、鄂东游击总队、应城抗敌自卫总队以及随营学校。同月，豫鄂边区军政委员会成立，朱理治任书记。

▲1940年1月新四军豫鄂挺进纵队领导人合影，左起：陈少敏、郑绍文、朱理治、李先念、刘少卿。

接着，豫鄂挺进纵队成立第6团队，并配合第五战区国民革命军在鄂北、豫南发动对日攻势作战，截击和歼灭日军600余人，歼灭伪军多部，援救国民革命军其他部队一部。2月，豫鄂挺进纵队向东南、西南两个方向出击，直达武汉外围和天门以西地区，中旬发起侏儒山战斗，歼灭伪军120余人。3月，任质斌代理豫鄂边区军政委员会书记兼纵队政治委员，同时成立鄂东独立团。4月，第1、第2、第3团队组成平汉支队，支队长周志坚，政治委员方正平；信应游击总队改编为第7团队，应城抗敌自卫总队一部扩编为第8团队。5月，原鄂东独立团一部等改编为第9团队，以另一部等编为新的鄂东独立团。

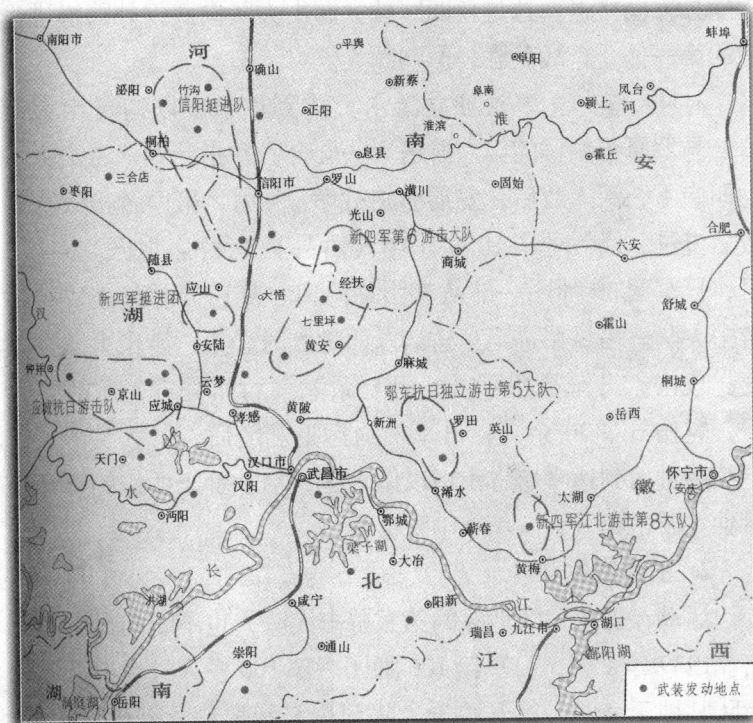

▲豫鄂边地区抗日武装发展示意图（1938年—1939年5月）

1. 余家店、东桥店战斗

1939年2月，李先念派周志坚率独立游击大队两个中队到应山县余家店地区的罗家庙，和应山县抗敌自卫团第二大队取得联系。26日，部队进驻罗家庙的第二天早晨，驻应山的日军第 3 师团一部 100 余人和伪军数十人，经龙泉镇分路向罗家庙进攻。游击大队当即予以阻击，日伪军向余家店逃窜。游击大队以一个中队向余家店攻击前进，另一个中队迂回占领余家店以东高地。日伪军在游击大队的猛烈攻击下，退缩余家店街进行顽抗。游击大队奋勇突入街内，迫使日伪军退至街西高地据守。游击大队随即发起多次冲击，激战数小时，日伪军趁夜向随县方向撤退。这是新四军独立游击大队向武汉外围挺进途中的第一仗，首战获胜，影响颇大。

3 月，李先念率领独立游击大队到达信阳以南灵山大寺口，与罗厚福领导的第六游击大队会合，并指示第六游击大队立即南下，深入敌后，发展游击战争。4 月，第六游击大队向敌后挺进，活动于礼山县（今大悟县）东桥店地区。5 月 4 日，日军第 39 师团一部从礼山之河口、夏店分两路进攻第六游击大队。当日军进至东桥店以西地区时，第六游击大队突然发起攻击，日军措手不及，退至余家河背水死守，激战至黄昏，毙伤日军 30 余人，日军被迫撤退。随后，第六游击大队继续南进，到达孝感青山口以南地区，与从鄂东西进的鄂东抗日独立游击第五大队第 3 中队会合。

2. 王家凹战斗

活动在鄂东黄冈地区的第五游击大队，也不断向日伪军出击。1939 年 1 月，日军第 106 师团一部 100 多人进攻第五游击大队驻地王家凹。第五游击大队利用有利地形，将日军击退。3 月，第五游击大队袭击黄冈县宋家墙日伪军据点，毙日伪军 12 人，拔除了该据点。

3. 公安寨、云梦城战斗

1939 年 3 月 28 日，日军第 13 师团一部 100 余人，分乘 60 余条木船护送日本皇室慰问团，由京山县徐店逆富水向宋河方向前进，夜宿下周家河。中共鄂中区委军事部长陶铸立即率领应城县抗敌自卫总队的挺进大队、手枪队等部，连夜赶往日军船队必经之地公安寨设伏，同时在上游的秦家湾、下游的袁家坡分别配置拦堵部队。30 日上午，日军船队驶进伏击圈。埋伏在公安寨阵地的部队，在火力掩护下，勇猛发起冲锋。日军遭到打击后，弃船登岸进行反扑；驻宋河之日军闻讯赶来增援。挺进大队等部主动撤出战斗。

5 月 1 日，陶铸又率领应城县抗敌自卫总队的挺进大队等部夜袭云梦县城。部队由南门城墙缺口处袭入城内，围攻伪维持会和公安队驻地，歼灭伪军 20 余人，解救出被关押群众多人。当驻孝感的日军坦克部队赶来增援时，挺进大队已安全转移。

4. 朱堂店战斗

8 月 14 日，日军第 3 师团 400 余人向罗山县朱堂店进攻。第 2 团队以第二大队全部及第三大队一个中队，坚守朱堂店及其东北阵地；以一个中队配置在朱堂店东北日军进攻的侧翼，节节抵抗，相机出击；第一大队在朱堂店西南陈家祠堂，依托高山，寻机歼敌；第三大队另一个中队在朱堂店以东担任警戒。拂晓，日军集中炮火向朱堂店猛烈轰炸，随即从东北方向宽正面发起攻击。第 2 团队依托阵地英勇抗击，多次打退日军的进攻。日军伤亡很大，进退维谷。第 2 团队第一大队及警卫队、手枪队乘机向日军侧翼猛烈出击。日军退至朱堂店以北枫树坡小村庄进行顽抗，并施放毒气掩护撤退，途中又遭到第 2团队伏击。

6. 新街、同兴店战斗

10 月 13 日拂晓，日军 300 余人、伪军 400 余人，从京山县贾店、罗店出动，偷袭驻京山县新街的豫鄂独立游击支队。

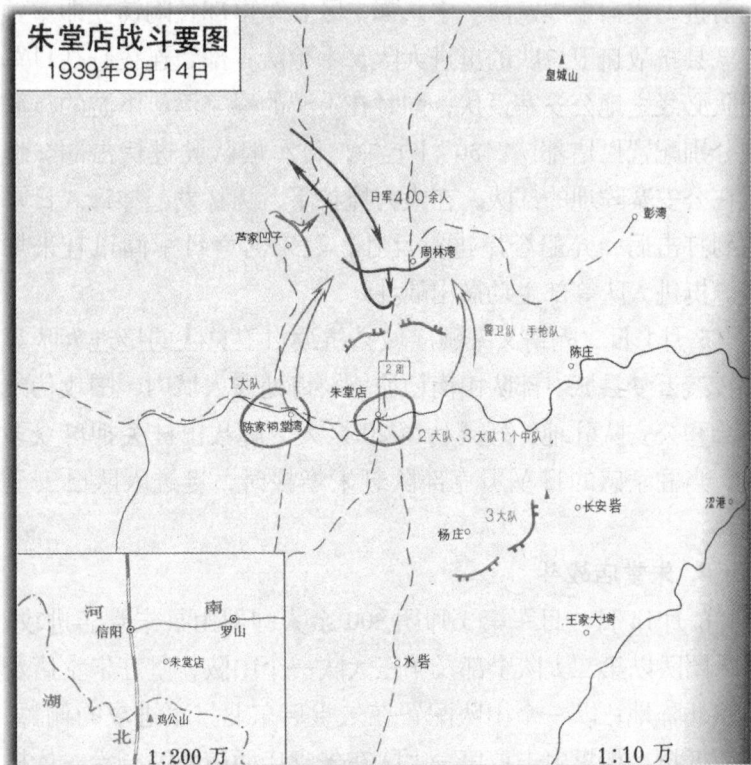

▲朱堂店战斗要图

流动哨兵发现后，立即鸣枪报警。驻防在此的第 1 团队一面组
织兵力抗击，一边稳定群众情绪。战斗打响后，第二大队从正
面连续击退日军的两次猛烈冲锋；驻新街附近的第一、第三大
队分向两侧的伪军发起攻击。伪军被打得四散溃逃，正面的日
军顿形孤立。日军施放毒气掩护撤退。第 1 团队指战员越战越
勇，三面逼近日军，把日军包围在黄家台祠堂边的洼地里。日
军凭借优势火力，顽强抵抗，战斗呈胶着状态。李先念率第 2
团队第二大队前来增援。战至傍晚，日军数路增援部队赶到，
被围日军才得以突围逃脱。此战缴获日军重机枪一挺，步枪十

余支，战马六匹。这是新四军进军鄂中后给予日军的一次沉重打击，当时中国的主流媒体也作了报道。

此后，第2团队一部于10月31日，在襄（阳）花（园）公路同兴店地区伏击日军，毙伤日军骑兵100余人。第4、第5团队等部先后在长江埠、石板河等地袭击日伪军，不断取得胜利。

▲新四军教导队进行训练

◎ 皖南事变后新四军的对日斗争

1. 抗击日军发动的各种"扫荡"

皖南事变后，日本侵略者采取大力扶植汪伪政权，同时威逼利诱国民政府投降的政策，以达到巩固已有占领区，稳定中国战局的目的。而实现这一目的的重要手段之一就是在华中地区重点打击新四军。日本调集了11万的兵力，对新四军进行绞杀，而且大幅度扩充伪军的人数，仅1941年一年，伪军的人数就由4万余人猛增到16万人。

1941年7月，日军经过一番准备后，开始发动对苏北盐阜地区空前规模的大"扫荡"。日军集中了第 12 混成旅团全部，第 15、第 17 师团各一部，以及大批伪军，于 20 日由东台、兴化、射阳、陈家洋分四路直扑盐城，妄图一举围歼新四军领导机关和第 3 师主力。新四军在盐城外围阻击来犯日军后，为保存有生力量，于 22 日主动撤离盐城，主力迅速转移到敌之侧翼，使敌人扑了空。为粉碎日伪"扫荡"，在军部部署下，第 1 师在南线发动攻势，7 月 23 日克蒋垛，30 日收复黄桥，8 月 2 日攻克古溪，接着又围攻姜堰和泰州。日伪十分恐慌，被迫回援泰州，并对苏中地区发动了八一三大"扫荡"，苏中军民连续进行反"扫荡"作战。在日军回师南援之际，北线的新四军第 3 师乘机反击，7 月 29 日收复阜宁，8 月 1 日收复东沟。军部决定以第 1、第 3 师各一部于 8 月 9 日分 5 路反攻盐城地区，相继收复建阳（今建湖县）的湖垛（今近湖镇）、上岗和盐城东南的裕华镇等重要城镇。日军被迫从苏中调兵北返以保全其占领区。新四军灵活机动的战略战术，使日伪军南北折返，陷于顾此失彼的被动处境。至 9 月上旬，日伪对苏中和盐阜地区的"扫荡"遂被粉碎。新四军获得了在水网地区反"扫荡"作战的经验，提高了坚持敌后斗争的信心。

苏南是日伪统治的心脏地带。1941 年 1 月中旬，日军派出7000 余兵力，首先突击"扫荡"溧（水）武（进）公路以北的镇江、句容地区。第 16 旅连续作战 20 余次，付出重大代价后向溧武公路以南转移。与此同时，日军在苏州、青浦等地连续进行了一个多月的"扫荡"。3 月 10 日，新四军第 18 旅第 53 团 1 营，在苏州东北环潭一带被 1500 余名日伪军包围，遭受重大损失，百余人在突围中壮烈牺牲。7 月初和 9 月，日军连续对茅山地区进行了两次"扫荡"。9 月 6 日，日军突然袭击句容县坝上村，苏南根据地第五行政区专员巫恒通重伤被俘。9月29日，日伪4000余人合围句容岗南村，新四军苏南第五保安司令部遭受损失。11月28日，日伪军3000余人分三路奔袭合击驻于溧阳塘马地区的新四军第16旅旅部和中共江南区委领导机关。新四军第6师参谋长兼第16旅旅长罗忠毅和第16旅政委廖海涛，指挥被围的千余指战员和地方干部突围转移，经十余次反复冲杀，虽大部突出重围，但罗忠毅、廖海涛以及第48团1营和旅特务连的270余名指战员壮烈牺牲。

1941年2月，日军淮南"扫荡"重点在津浦路西。12日，驻滁县、蚌埠等地的日伪军3000余人，"扫荡"以定远为中心的新四军路西抗日根据地。3月18日开始，日军7000余人再次对路西根据地进行"扫荡"。第2师采取化整为零的战术，广泛开展游击战。4月中旬，第2师在路东的天长、仪征地区，又化零为整，集中第4、第5旅各一部，对日伪军主动发起连续攻击。17日扬州等地700余人日军分两路向仪征金牛山以南地区"扫荡"。第4旅第12团依据金牛山阵地顽强抗击，经激烈战斗，毙伤日伪军200余人，俘50余人，并乘胜收复了老子山、龟山等日伪据点。日军为了破坏根据地麦收，于5月下旬集结5000余人，在飞机配合下向路东根据地进行"扫荡"。第2师仍采取先避其锋锐，分散游击，后集中兵力击其分散之敌的战术，先后作战20余次，在来安、天长等地歼日伪军500余人，又一次粉碎了日伪"扫荡"，保卫了淮南津浦路东抗日根据地。

坚持在鄂豫边区的新四军第5师，处于中国正面战场的前沿。这里是日军重兵集结的地区：日军以武汉为中心，沿铁路、公路、长江、汉水，占据了重要城镇，常驻六个多师团约15万人。而当时的新四军第5师及地方武装共约1.5万余人。

日军1941年1月开始，便多次进行"扫荡"。针对"扫荡"，新四军第5师采用灵活机动的战略战术，取得不少胜利。12月上旬，第5师决定趁日军后方兵力空虚的机会，对日军发起进攻。第5师集中兵力，三次进攻侏儒山，采取奔袭和围点打援等战术，经过两个多月大小十余次战斗，共毙伤日军约200人。在此次战役中，第15旅副旅长朱立文英勇牺牲。

日军在苏中地区有一个独立混成旅团和一支约3.5万人的伪军。日伪军广设据点，分割缩小新四军根据地，新四军只能以排、连、营为单位分散游击于全区339处日伪据点之间。在1942年5月以前，日伪采取由各地驻军就地"扫荡"的方针，多则千余人，少则百余人，频繁出动。新四军则集中兵力，采取突袭和伏击的战术打击敌人。6月以后，日军改而采取集中兵力分区"清剿"。中旬，日军第12独立混成旅团旅团长南浦襄吉和伪苏北行营主任臧卓，率日军三个大队和伪军2000余人，对苏中第四军分区的海门、启东地区进行第一期"清剿"。一个月后，又增伪军3000余人，转至靖江、泰兴和如皋西部地区进行第二期"清剿"。9月又转至以宝应、临泽为中心的地区进行第三期"清剿"。新四军针对日军分区"清剿"顾此失彼的弱点，以少量民兵留置内线就地坚持与敌纠缠，不时伏击袭扰日伪军，主力则跳出"清剿"区外，寻机向敌弱点进击。第1师先后作战十余次，取得重大战果。特别是9月25日的南通二鸾歼灭战，歼日军大队长保田以下110余人。

1942年，日军由于兵力多数都投放在太平洋战场，而在皖中地区的兵力严重不足。1943年3月，皖中地区改称皖江地区，成立了中共皖江区委和皖江军区。日军由于错误判断新四军军部已由盐阜地区移至皖中地区，采取了所谓"穷追"方针，于1943年3月17日抽调第116师团和第15师团等部6000

余人，分别由巢县、襄安、盛家桥等地出动，从东、南、西三个方向，分八路向巢无中心区奔袭"扫荡"，企图把新四军首脑机关和在巢无地区的主力部队完全驱赶到巢南银屏山区，聚而歼之。第7师当机立断，分部突围，使敌人扑空。之后，各部队在敌侧后和后方不断进行袭击，经过两周激战，毙伤日伪军300余人，粉碎了敌人第一次"扫荡"。接着，日军又于4月30日集中2000余兵力进行第二次"扫荡"，前后历时五天，也被第7师粉碎。

▲1943年阜宁县陈集战斗部分战利品（李雪三摄）

2. 在华中敌后的局部反攻

1944年，华中日军抽调部分师团参加打通中国大陆交通线作战，虽组建了一批新的部队，但总兵力仍由21万人减少到17万人。为弥补兵力的不足，日军一方面收缩防区，将部分据点交给伪军防守，一方面扩编伪军，使华中地区的伪军由20万人增加到35万人。在此基础上，日伪军对华中抗日根据地继续进行"扫荡""清乡",并在沿海地区实行"屯垦"计划。

根据中共中央的指示精神,中共中央华中局和新四军军部决定:动员组织党、政、军、民力量,坚决粉碎日伪军的"扫荡""清乡"及"屯垦"计划;抓住有利时机,主动地有重点地向日伪军发动攻势,展开局部反攻,扩大解放区。

▲新四军战士在进行战前演练

为进一步改善苏中的对敌斗争局面,3月5—6日,第1师兼苏中军区集中五个多团的兵力组成了三个纵队,在第3师第7旅的配合下,以游击战和运动战相结合,采取攻坚打援并举的方针,在淮安、宝应以东发起以夺取车桥为目标的攻势作战。接着,第1师兼苏中军区乘胜逼退曹甸、泾口等日伪军据点十余处,控制了淮安、宝应以东纵横50公里的地区。车桥战役是华中新四军进行的一次规模较大的歼灭战,充分显示了新四军对日军作战能力的提高,成为新四军转入局部反攻的标志。随后,第1师兼苏中军区部队相继发起了南坎(今属江苏省如东市）战役和秋季攻势作战。11月新四军成立两个军分区。第五军分区，司令员韦永义，政治委员金柯；第六军分区，司令员包厚昌，政治委员钱敏。1944年3—12月，第1师兼苏中军区部队共作战825次，攻克据点135处，歼灭日伪军1.5万余人，争取伪军反正1000余人。

新四军第2师兼淮南军区部队在1944年春、夏、秋季攻势作战中，先后攻克了来安县雷官集、六合县瓜埠集等日伪军占据的盱眙、定远县城。年底，第2师决定重建第6旅，并由该旅兼淮南军区（津浦）路西军分区，旅长兼司令员陈庆先，政治委员黄岩，下辖第18团以及淮西、定远、滁（县）全（椒）等六个县总队。

新四军第3师兼苏北军区部队于1944年初在淮海区发动了春季攻势，经过三个月的作战，先后攻克沭阳、涟水等地，塘沟、史集、王集等日伪军据点30余处。4月19日至5月4日，第3师兼苏北军区集中淮海军分区和第7旅及地方武装各一部共10个团的兵力，在涟水西北发起了高沟、杨口战役，共歼灭日伪军2500余人，攻克据点14处，收复了六塘河两岸地区，使淮海、盐阜两区完全连成一片。6月下旬，第7旅和盐阜军分区各一部在滨海地区发动海边战役，攻克大兴镇等重要据点，歼灭日军80余人。9—11月，盐阜、淮海两军分区攻克日伪军重要据点通洋港、合德镇、林公渡，恢复和扩大了解放区。1944年，第3师兼苏北军区部队作战1518次，攻克据点140处，歼灭日伪军8000余人，解放人口50余万。

新四军第4师兼淮北军区主力在地方武装的配合下，从1944年3月16日至5月5日，在东起运河、西至津浦铁路的地区，对守备薄弱的日伪军据点展开进攻。解放了泗县、灵

璧、睢宁、宿迁之间的广大地区。6月6日至7月12日，第4
师兼淮北军区集中第9、第11旅主力和地方武装一部，进行了
张楼战役，歼日伪军800余人，解放了泗北地区，控制了睢
（宁）泗（县）公路。1944年，第4师兼淮北军区部队作战
372次，歼灭日伪军1万余人，攻克据点24处，解放人口
80万。

新四军第5师在1944年1—5月间粉碎了日伪军对荆
（门）南、襄（河）南、襄（河）西和平汉铁路两侧地区的
多次分区"扫荡"。在此期间，第三军分区成立了江南挺进
纵队。6—9月，该师在钟祥、云梦、沔阳和武汉郊区多次袭
击日伪军。10月19日，中共中央军委决定在第5师活动地
区成立湘鄂豫皖军区（后称鄂豫皖湘赣军区，通称鄂豫皖军
区），由第5师兼。11月，第三军分区分为第三、第五军
分区。

1944年，第5师兼鄂豫皖湘赣军区部队共毙伤俘日伪军
2500余人，另争取伪军1200余人反正，部队发展到3.5万
余人。

新四军第6师第16旅和地方武装自1944年3月中旬至4
月粉碎了日伪军对苏南抗日根据地连续一个月的"扫荡"，歼
灭日伪军一部。8—12月，又相继发起长兴、周城、泗安战
役，予伪军以重创。该旅全年作战1242次，攻克据点52处，
扩大了苏南抗日根据地。

新四军第7师兼皖江军区部队在1944年夏、秋季攻势作
战中，沿长江两岸向西发动攻势，开辟了青弋江、芜湖、贵池
和东流、彭泽等游击区，并粉碎了日伪军的"扫荡"。全年该
部共作战760次，攻克据点39处，解放国土4500平方公里、
人口60万。

浙东游击纵队于 1944 年 5—8 月在慈溪宓家埭、义乌吴店、诸暨墨城坞和镇海洪桥镇地区共作战 126 次，攻克据点 8 处，歼灭日伪军 1380 余人。

仅 1944 年一年，新四军共作战 6582 次，歼灭日伪军 5 万余人，攻克日伪军据点 570 处，解放国土 7400 余平方公里、人口 160 余万，彻底粉碎了日伪军的"清乡"，恢复和发展了华中抗日根据地。同时，新四军主力部队和地方武装发展到 25.1 万余人，民兵约 70 万人，抗日根据地人口达 4000 万。

1945 年 2 月 24 日，中共中央决定撤销中共中央军委华中分会，由中共中央华中局对新四军实施直接领导。新四军各部队继续向日伪军守备薄弱的据点和交通线发动攻势作战。

苏中军区于同年春在各县建立独立团或警卫团的同时，抓住战机以所属部队发动春季攻势，在高邮以东伏击换防的日伪军。

第 2 师兼淮南军区部队从 3 月中旬至 4 月中旬共作战 24 次，歼灭日伪军 789 人。

第 3 师兼苏北军区部队于 2 月中旬攻克了沭阳城西南 22 公里的叶圩子日伪军据点，歼敌 270 余人。为增援皖江地区的作战，第 3 师第 10 旅兼淮海军分区第二、第三支队及地方武装各一部于 4 月 4 日在泗阳组成独立旅，旅长覃健。随后，该部由苏北南下皖江地区作战，归第 7 师指挥。

第 4 师兼淮北军区部队从 4 月中旬起对灵璧、泗阳、睢宁等地的日伪军发动了为期一个月的攻势作战，歼敌 3000 余人。继而，又在 5—7 月发起了宿（县）南战役和睢宁战役，歼灭日伪军 4100 余人，扩大了淮北抗日根据地。

第 5 师兼鄂豫皖湘赣军区部队在夏、秋两季恢复了四望山和白兆山解放区，并与八路军南下支队创立了湘鄂赣抗日根据地。在此期间，第5师兼鄂豫皖湘赣军区于4月撤销了第四军分区，并在淮南、信（阳）罗（山）、信（阳）随（县）等地成立第六军分区，以陈刚任司令员，方正平任政治委员。该军分区下辖教导团，独立第25团，信罗、淮南等四个总队。不久，又在豫南之信（阳）确（山）、信（阳）桐（柏）、泌阳等地重新成立第四军分区，以韩东山任司令员，夏忠武任政治委员。该军分区下辖挺进第1、第3团和桐柏、汝（南）正（阳）确（山）等五个总队。

第7师为加强部队的机动作战能力，于6月中旬以沿江支队为基础，恢复成立第19旅，旅长林维先，政治委员黄火星，下辖第55、第56、第57团。该旅成立后，一部在巢（县）无（为）地区坚持斗争，一部在江南地区作战。

新四军在1945年的春、夏季攻势作战中，取得了重大胜利，共歼灭日伪军3万余人，攻克阜宁、睢宁县城等日伪军据点100余处，扩大解放区9万余平方公里，把日伪军进一步压缩到大中城市周围、主要交通线及沿海重要地区。至8月上旬，新四军和华中抗日根据地共有主力部队21.5万人、地方武装9.7万余人、民兵96万余人。

新四军是一支由中国共产党领导的抗日力量。新四军地处人口稠密、资源丰富、交道发达的华中地区。这里是日军在中国的重要指挥中枢，而新四军"吸引敌人、扼制敌人"[1]，将日军的后方变成了又一个前线，与正面战场相互配合，使日军处于腹背受敌、两面挨打、首尾不能兼顾的处境，粉碎了日军

---

① 陈毅：《论游击战争》，载中国人民解放军历史资料丛书编审委员会编：《新四军·文献》（1），解放军出版社1994年版，第786页。

"速战速决"灭亡中国的企图。新四军建立的抗日根据地，打破了日军"以战养战"的战略方针。新四军牵制了日军对正面战场和太平洋战场的进攻，为中国抗日战争的胜利和世界反法西斯战争的胜利作出了重要的贡献。

新四军抗日大事记

1937 年

7 月

13 日   中共湘鄂赣边省委代表傅秋涛、刘玉堂、黄耀南等同国民政府军事委员会武汉行营和第 50 师的代表进行和平谈判。

8 月

本 月   闽西南红军在龙岩县白沙、永定县芦溪两地集中，改编为闽西人民抗日义勇军第一支队。

9 月

14 日   赣粤边红军游击队改编为赣南人民抗日义勇军。

15 日   湘鄂赣边红军改编为抗日游击第一支队。

24 日   中共中央分局书记项英从赣粤边油山到达南昌，与国民政府江西省政府就南方红军游击队集中改编为抗日队伍问题进行谈判。

28 日   国民政府军事委员会铨叙厅发出通报：经蒋介石核定，

任命叶挺为国民革命军陆军新编第四军军长。

29 日　中共中央分局发表《告南方游击队公开信》，要求各游击队为抗击日本侵略者、挽救国家危亡、争取民族解放而战斗。

下旬　红军闽赣省抗日军政委员会主席黄道派曾镜冰、曾昭铭等，在福建省光泽县同国民政府江西省保安副司令进行和平谈判。

10 月

12 日　国民政府江西省政府主席熊式辉转发蒋介石 10 月 6 日电令：将鄂豫皖边区高敬亭部、湘鄂赣边区傅秋涛部、赣粤边区项英部、浙闽边区刘英部、闽西张鼎丞部，统交新编第四军军长叶挺调用。

闽浙边红军在浙江省平阳县山门镇改编为国民革命军闽浙边抗日游击总队。

11 月

3 日　叶挺应毛泽东邀请，由南京经武汉飞抵延安，商谈有关新四军的组建工作。

12 日　叶挺回到武汉，着手筹建新四军军部。

13 日　接受《大公报》记者采访时，叶挺就新四军组建问题发表谈话，表示决心为抵抗日本帝国主义的侵略而奋斗到底。

21 日　叶挺在南京拜见蒋介石，商谈有关新四军的编制、任命等问题。

下旬　中共闽东特委书记叶飞及红军闽东独立师后方办事处主任许威，到福州与国民政府福建省政府谈判，达成合作抗日的协议。红军闽东独立师改编为国民革命军福建抗日游击队第二支队。

本月　闽北红军游击队改编为闽赣边抗日义勇军。

12 月

14 日　中共中央分局撤销，成立中共中央东南分局，项英任书记，曾山任副书记。组建中共中央军事委员会新四军分会，项英任书记，陈毅任副书记。

20 日　中共湖北临时省委在黄安县七里坪举办干部训练班。

23 日　项英率中共中央派往新四军的第一批干部到达汉口。

25 日　新四军军部举行干部会议，叶挺、项英作关于当前形势与任务讲话。这次会议标志着新四军军部成立。

27 日　高敬亭、傅秋涛等在汉口与项英商讨部队改编与出动等问题。

1938 年

1 月

3 日　周子昆率中共中央派往新四军工作的第二批干部 30 余人由延安抵达汉口。

6 日　新西军军部由汉口迁抵江西省南昌市。

8 日　国民政府同意新四军编为四个支队。

15 日　闽浙边抗日游击总队在浙江省平阳县北港创办抗日救亡干部学校，粟裕兼任校长，何畏任副校长。

本月　新四军战地服务团在南昌成立，朱克靖任团长。

2 月

2 日 张云逸赴福州与国民政府福建省政府主席陈仪协商福建各地红军游击队集中编组等问题，并到闽赣、田东、闽西南等地传达中共中央东南分局的指示和动员部队向皖南集中。

6 日 蒋介石限令长江以南新四军 2 月 20 日前到安徽歙县岩寺地区集中。

14 日 项英、陈毅向毛泽东报告新四军行动计划：我军不驻岩寺，尽可能向前伸，向苏浙皖边配置，配合正规军，机动完成任务。

15 日 毛泽东复电同意，并指出最有利发展地区在江苏境内茅山山脉。

16 日 项英向中共中央报告各支队编组情况：湘鄂赣傅秋涛部、湘赣及赣南游击队为第一支队；闽西南张鼎丞部及闽南、汀瑞游击队、浙南刘英部为第二支队；闽北黄道部、闽东叶飞部为第三支队；鄂豫皖高敬亭部、桐柏山周骏鸣部为第四支队。

27 日 新四军第二支队在福建省龙岩县白土镇举行北上抗日誓师大会。

本月 湘赣边、赣粤边、皖浙赣边、湘南红军游击队 3 月间先后进抵皖南歙县岩寺地区，整编为新四军第一支队第 2 团。

新四军第三支队第 5、第 6 团分别由江西省铅山县石塘、福建省宁德县桃花溪出发，三、四月间先后抵达皖南歙县溪南地区。

菲律宾华侨归国抗日义勇队共 28 人在福建省龙岩县白土镇参加新四军第二支队。

3 月

8 日　高敬亭率新四军第四支队第 7 团、手枪团从湖北省黄安县七里坪地区出发。同日，周骏鸣率第 8 团从河南省信阳县邢集出发。

9 日　叶挺、项英在南昌军部接见上海煤业救护队成员。

13 日　中共中央任命袁国平为新四军政治部主任，邓子恢为副主任。

14 日　傅秋涛率新四军第一支队第 1 团从湖南省平江县嘉义镇出发，14 日进抵皖南歙县港口。

18 日　粟裕率闽浙边抗日游击总队由浙江省平阳县山门镇誓师北上抗日。4 月 18 日进抵皖南歙县岩寺，编为新四军第二支队第 4 团第 3 营，粟裕任第二支队副司令员。

本月　第一支队先后到达皖南歙县潜口和岩寺。第四支队先后到达皖西霍山县流波礄。

缅甸、新加坡、泰国归国华侨青年数十人参加新四军第二支队政治部宣传队。

4 月

5 日　新四军军部从南昌出发，5 日进驻皖南歙县岩寺。

9 日　新四军兵站在皖南歙县岩寺成立，张元寿任站长。

12 日　新四军秘书处作出实力统计表，已集中的有军部 633 人，第一支队 2366 人，第二支队 1270 人，第三支队 1915 人，第四支队 3136 人；尚未到达岩寺的还有浙南、闽东、闽西、闽中等地游击队 1009 人；全军共10329 人。

上旬 第三支队到达皖南歙县岩寺。第二支队第3团到达皖南歙县潜口。

18 日 第二支队第4团到达皖南歙县岩寺。

22 日 军事委员会第三战区点验委员抵达歙县岩寺，点验新四军皖南部队。

28 日 第四支队进抵皖中，展开于庐江、无为、舒城、桐城和巢县（今巢湖市居巢区）地区。

第二支队副司令员粟裕率新四军先遣支队（由第一、第二、第三支队各抽出一个侦察分队和部分团以下干部组成）从岩寺出发，挺进苏南敌后地区进行战略侦察。

下旬 新四军军部召开排以上干部挺进敌后坚持抗战誓师动员大会，项英主持大会。

本月 上海煤业救护队负责人叶进明、忻元锡、陈昌吉率领救护队员120余人，随带卡车23辆、救护车2辆，在皖南歙县岩寺集体参加新四军。

5 月

1 日 新四军政治部主办的《抗敌报》创刊。

5 日 新四军军部由皖南歙县岩寺出发，移驻太平县。

7 日 新四军军部移驻南陵县土塘村。

12 日 新四军第四支队第9团一部在皖中巢县以南蒋家河口设伏，首战告捷。

16 日 蒋介石电示叶挺、项英：“四支队蒋家河口出奇挫敌，殊堪嘉慰，希饬继续努力为要。”

中旬 东北流亡抗日挺进队和皖东地区抗日武装冯文华、张恺帆部合编为东北抗日挺进纵队，归新四军第四支队建制。

21 日　蒋介石致电叶挺："贵部挺进迅速，游击得力，殊堪嘉尚。"

26 日　新四军军部由皖南太平县移驻南陵县土塘村。

28 日　新四军第一支队在皖南南陵召开干部大会，陈毅作《新的战斗条件和新的战斗任务》的报告。

6 月

1 日　陈毅率第一支队由皖南南陵麒麟桥出发，向苏南敌后茅山地区挺进。

2 日　项英、张云逸与军事委员会第三战区司令长官顾祝同会谈，商定新四军在江南的活动区域和任务。

8 日　叶挺到武汉，向周恩来要求在新四军组织一个委员会。

9 日　中共中央批准成立新四军委员会，项英为主任，叶挺为副主任。

12 日　新四军第四支队挺进安（庆）合（肥）公路两侧积极开展游击战，牵制日军的西犯行动。

17 日　粟裕率新四军先遣支队在苏南镇江西南卫（韦）岗伏击日军车队。新四军江南部队初战告捷。

　　　　新四军政治部召开第一次政治工作会议，历时三天，会议详细检阅和讨论了本军政治工作。

21 日　新四军先遣支队完成预定任务后，奉命按原建制归队。

22 日　新四军司令部召开第一次参谋工作会议，叶挺、项英讲话，张云逸作《关于参谋工作建设》的报告。

26 日　蒋介石致电叶挺："所属粟部，袭击卫岗，斩获颇多，殊堪嘉尚。"

28 日　新四军第一支队第 2 团一部，在苏南镇江西南竹子岗伏击日军车队。

7 月

1 日　新四军第一支队第 2 团在地方武装配合下，夜袭沪（上海）宁（南京）铁路线上的新丰车站，并破坏沪宁铁路一段。

6 日　新四军第二支队第 3 团一部，在安徽省当涂、芜湖间击毁日军军车一列，缴获大批军用品。

7 日　第一支队第 2 团一部在丹阳东南横塘设伏，截击日军车队。

　　　陈毅在苏南镇江县宝埝镇（今属江苏省镇江市丹徒区）主持召开镇江、丹阳、金坛、句容四县人民代表会议，成立四县抗敌总会筹委会，推选纪振纲（纪振纲未到职，由樊玉琳任主任）为筹委会主任，樊玉琳、王丰庆为副主任。

10 日　新四军第一支队第 2 团一部在苏南丹阳县横塘附近设伏。

上旬　萧望东率先遣大队由豫南确山竹沟出发，开赴豫东睢杞太地区，配合豫东抗日游击队第三支队抗日。

14 日　第一支队第 1 团一部夜袭南京城郊西善桥日军据点。

中旬　新四军第三支队副司令员谭震林率第 5 团和第 6 团一个营，从皖南泾县茂林进至青弋江地区，担任西河镇一线阵地防御。

26 日　新四军政治部制定《敌军工作纲要》。

29 日　第一支队第 2 团第 1 营于丹北东吴桥地区，破坏铁路一段，颠覆军车一辆，毙伤日军数十人。

本月　丹阳抗日自卫总团接受新四军第一支队领导，改称为丹阳游击纵队。

8 月

2 日　军部由南陵县土塘镇移驻泾县云岭，兵站移至章家渡。

上旬　第一支队第 2 团袭击苏南镇江四摆渡日军据点。

12 日　新四军第一支队第 2 团一部在地方抗日武装配合下，夜袭句容县城。

15 日　第一支队第 2 团一部袭击沪宁铁路线上龙潭、下蜀间仓头镇，毙日军 8 人，伤日军 10 余人。

22—26 日　新四军第二支队在第一支队配合下，机动作战，粉碎了日军的"扫荡"。

22 日　新四军教导营扩建为教导总队，周子昆兼任总队长，冯达飞任教育长。

23 日　第一支队第 2 团一部在苏南丹阳珥陵镇伏击日军出扰的汽艇。

9 月

1 日　新四军第四支队第 7 团在皖中桐（城）潜（山）公路间范家岗伏击由桐城南犯之敌，击毙日军 14 人，击毁汽车 2 辆。

3 日　新四军第四支队特务营和第 7 团第 3 营在皖中安庆至桐城公路棋盘岭伏击日军车队。

11 日　新四军第一支队展开反"扫荡"作战。

12 日　第四支队第 7 团一部在皖中舒城至合肥公路上花子岗伏击日军车队。

13 日　新四军第四支队第 7 团 1 个连在皖中安庆西北铁铺岭设伏，毙日军 29 人。

17 日　新四军第二支队第 4 团一部在皖南芜湖、当涂间坍桥伏击日军巡道车。

20 日　第一支队第 2 团夜袭苏南金坛县薛埠镇日军据点。

中旬　丹阳游击纵队整编为新四军挺进纵队。

21 日　新四军第一支队第 2 团夜袭苏南句容天王寺日军据点，
　　　　并拦击薛埠增援之敌。

29 日　中共六届六中全会在延安举行。全会重申党的独立自
　　　　主地放手组织人民武装斗争的方针，确定把主要工作
　　　　放在战区和敌后，大力巩固华北、发展华中。

30 日　项英在六届六中全会上作了新四军的成立与现状的
　　　　报告。

30 日　第一支队第 1 团从苏南调回皖南，归军部直接指挥。

下旬　新四军第二支队第 4 团在皖南当涂大官圩粉碎日军四路
　　　　"扫荡"，毙伤日军 60 余人。

10 月

1 日　新四军第三支队第 6 团团长叶飞率部（少 1 个营）由
　　　　皖南水阳地区进至苏南茅山地区。

2 日　新四军第二支队第 3 团在苏南江宁县禄口设伏，伏击日
　　　　军汽车。

7 日　第三支队进至皖南青弋江地区担任防务。

12 日　新四军游击支队成立。

27 日　新四军游击支队在豫东淮阳县东北窦楼，粉碎日军骑
　　　　兵 100 余人的袭击。

30 日　新四军第三支队第 5 团及第 6 团 1 个营，在皖南青弋
　　　　江、夫子坩、马家园、红杨树至西河一线，以运动防
　　　　御手段，连续作战六天，粉碎日军进攻。

菲律宾华侨劳工团体联合会回国慰劳团由团长王西雄、政治顾问沈尔七率领，从马尼拉启程回国。10 月间到达皖南新四军军部进行慰问活动。

11 月

3 日　军事委员会第三战区视察团抵达皖南新四军军部视察。

9 日　美国记者艾·史沫特莱抵达皖南新四军军部访问。

上旬　新四军第一支队第 6 团侦察队袭击镇江县宝埝镇，击毙日军警备队队长。

30 日　上海各界民众慰劳团，抵达皖南泾县云岭新四军军部进行慰问活动。美国记者贝尔登随同抵达军部访问。

本月　陶铸、杨学诚等在武汉外围鄂中地区组织游击武装，开展抗日游击战争。

12 月

上旬　新四军游击支队从睢杞太地区进驻鹿邑县白马驿一带整训，将原辖三个大队扩编为第 1、第 2 团。

15 日　第三支队奉命从青弋江转至铜陵、繁昌执行防御任务。

29 日　江北游击纵队在皖中无为成立。

▲1938—1939 年新四军在皖南铜陵、繁昌地区进行反扫荡战斗，大大提高了新四军的战斗力。图为新四军前沿阵地。

1939 年

1 月

7 日　新四军第二支队第 3、第 4 团各一部在皖南芜湖水阳镇伏击"扫荡"之敌。

8 日　新四军第二支队第 3 团在苏南江宁县横山粉碎日军 500 余人的进攻。

10 日　中共中央决定新四军委员会改由叶挺为主任，项英为副主任。

17 日　李先念率新四军独立游击大队及随行干部，自竹沟镇南下信阳，执行开创武汉外围敌后抗日根据地的战略任务。

21 日　新四军第二支队第 3 团奇袭日军芜湖机场外围官陡门据点。

23 日　罗炳辉离开皖南赴苏南敌后任新四军第一支队副司令员。

本月　张云逸、戴季英到立煌县，与安徽省政府主席廖磊谈判新四军江北部队作战区域和军需给养供给等问题。

2 月

4 日　蒋介石电示叶挺，表彰新四军"该军袭敌，成果甚佳"。

8 日　新四军第一支队第 2 团夜袭东湾镇据点。

14 日　新四军游击支队一部在豫东杞县荆岗和睢县长岗歼日军骑兵十余人。

15 日　新四军政治部主办的《抗敌》杂志创刊。

中旬　李先念前往鄂中随县长岗店等地，与国民政府鄂中专员和第四十六军第 127 师、第七军第 173 师接触，进行统一战线工作。

17 日　新四军第一支队第 2 团攻克延陵据点，全歼日军青木大队。

　　　新四军第二支队第 4 团在郭庄庙设伏，毙日军 18 人。

19 日　新四军第四支队第 8 团在东山口，粉碎日军 1000 余人的进攻。

23 日　周恩来抵皖南新四军军部，并与叶挺、项英等研究确定新四军向北、向敌后发展的方针。

26 日　新四军独立游击大队在余家店地区粉碎敌军进攻。

3 月

7 日　新四军第一支队第 2 团在苏南镇江上会、下会地区粉碎日军的八路围攻。

10 日　叶挺、项英向国民政府军事委员会参谋总长何应钦报呈关于新四军进入江南敌后第一年工作报告（说明书）。

18 日　新四军第二次参谋工作会议举行，通过《参谋工作条例》。

26 日　新四军第二支队第 3 团一部在云台山地区粉碎日军五路围攻，毙日军 50 余人。

30 日　应城抗敌自卫总队在公安寨伏击日军船队，击毙日军十余人，伤日军十余人。

本月　鄂东抗日游击进攻队攻克黄冈宋家墙据点。

4 月

4 日 　叶挺到铜繁前线第三支队视察工作。

10 日 　新四军第二支队第 3、第 4 团各一部，在宣城狸头桥粉
　　　碎日军的三路进攻。

28 日 　新四军第 1 团一部在塌里王设伏，毙伤日军 30 余人。

5 月

5 日 　新四军第 6 团与江南抗日义勇军会合，成立"江抗"
　　　总指挥部，梅光迪任总指挥，叶飞、何克希任副总指
　　　挥。第 6 团改称"江抗"第二路。中旬，在茅山地区
　　　组建新 6 团。

6 日 　叶挺等离军部北渡长江，抵达皖中庐江东汤池。

9 日 　新四军第 1 团在谢家垄伏击日军运输队。

20 日 　第三支队第 5 团在第 1 团配合下，粉碎了日军的进攻。

中旬 　江北指挥部在皖中庐江东汤池成立。同时组成中共新
　　　四军江北前敌委员会。

31 日 　"江抗"第二路在黄土塘与日军遭遇，激战两小时，毙
　　　伤日军十余人。

6 月

7 日 　蒋介石电复叶挺、项英，赞"所陈各节，颇有见地，
　　　已令择列教令，以供我游击各部队之参考"。

15 日 　徐海东被任命为江北指挥部副总指挥兼第四支队司令员。

20 日 　游击支队第 2 团袭击怀远县城，毙伤日军数十人。翌
　　　日，再袭怀远城，歼日军一部。

24 日 　"江抗"第二路夜袭浒墅关车站。

26 日　新四军游击支队一部在常家坟设伏，击毁日军汽艇一艘，毙日军数十人。

28 日　叶挺、张云逸去立煌县，与廖磊商谈团结合作、共同抗日等问题。

本月　新四军第一支队派干部去苏南太（湖）滆（湖）地区开辟抗日根据地。随后派第二支队第 4 团两个连加强该区。

7 月

1 日　江北指挥部所属部队进行整编：第四支队辖第 7、第 9、第 14 团，徐海东兼司令员，戴季英任政治委员；以第 8 团为基础成立第五支队，辖第 8、第 10、第 15 团，罗炳辉任司令员，郭述申任政治委员。

16 日　中共新四军第一次代表大会在皖南泾县云岭举行。

23 日　"江抗"第二路一部夜袭日军虹桥机场。

31 日　新四军第二支队第 4 团一部在苏南溧水曹村地区粉碎日伪军的进攻。

下旬　"江抗"阳澄湖支队和淞沪支队在苏南青浦庄家泾地区（今属上海市）粉碎日军进攻。

　　　崇明人民抗日自卫总队一部，在江苏崇明县（今属上海市）堡镇以西白祠堂附近设伏，击毙日军 12 人，伤日军 8 人。

本月　陈毅等作词、何士德作曲的《新四军军歌》在《抗敌报》正式发表。

8 月

2 日　新四军豫鄂独立游击支队一部在鄂中憨山寺设伏，击毙日军十余人，击毁汽车五辆。

3 日　新四军第一支队新编第 6 团一部袭击沪宁铁路下蜀车站，击毙日军 10 人，伤日军 13 人。

"江抗"和地方武装各一部在苏南嘉定（今属上海市）八士桥粉碎日伪军数路进攻，毙日伪军八人，伤十余人。

10 日　新四军第一支队第 2 团在扬中县老郎街击落日军飞机一架。

14 日　新四军豫鄂独立游击支队在罗山朱堂店粉碎日军 400 余人的进攻。

17 日　军事委员会第三战区司令长官部致电新四军军长叶挺，批准将第二支队暂归第一支队司令员陈毅指挥。

29 日　鲁雨亭率部加入新四军，改编为游击支队第一总队。

下旬　"江抗"扩编为第二、第三、第四、第五路。

本月　陈毅拜见军事委员会鲁苏皖边区游击总指挥李明扬、副总指挥李长江，说明新四军配合中央军队东进抗日的意图，解释中国共产党的抗日民族统一战线政策。

9 月

7 日　叶挺在重庆接受新闻媒体采访，介绍新四军挺进敌后一年来的作战情况。

8 日　新四军第一支队第 2 团在苏南武进县陈巷桥地区伏击由武进增援夏墅之敌。

本月　史沫特莱访问新四军江北指挥部。

10 月

4 日　新四军第二支队第 4 团在沪宁铁路龙潭、仓头段炸毁日军军车一列，并伏击援敌。

13 日　豫鄂独立游击支队在鄂中京山心街击退日伪军 300 余人的进攻。

本月　叶挺等人抵达重庆，向中央政府军事委员会汇报有关新四军编制及经费问题。

11 月

1 日　中国中央政府军事委员会副委员长冯玉祥致电新四军军长叶挺，称赞"贵军游击江南，杀敌颇众，积小胜为大胜，佩慰无似，向前线将士代我慰劳"。

6 日　江南抗日义勇军东路司令部（简称"新江抗"）在常熟东塘市成立，夏光任司令员，杨浩庐任副司令员。

7 日　江南指挥部在溧阳水西村成立，陈毅任指挥，粟裕任副指挥，统一指挥第 2 团、第 4 团、新编第 6 团、"挺纵"及地方武装。

8 日　新四军第三支队击退日军川岛警备队步骑兵五六百人对繁昌的进攻。

　　　新四军第一支队第 2 团、新编第 6 团在地方武装配合下，于苏南丹阳以南九里镇、贺甲村围歼"扫荡"之日军，激战一天半。

12 日　新四军第一次青年代表大会在皖南泾县云岭举行。

14 日　张道庸（陶勇）、卢胜率第 4 团团部和第 2 营北渡长江，到扬州、仪征、天长、六合地区，开展敌后游击战，并策应第五支队东进。部队过江后改称苏皖支队。

20 日　军事委员会第三战区司令长官顾祝同电示叶挺："查该部一支队陈毅部游击努力，斩获独多，应予传令嘉奖。"

下旬　新四军第三支队顽强反击，激战三天，毙伤日军百余人，收复繁昌。新四军第五支队围攻侵占来安之敌，激战两昼夜，再度收复来安。

本月　豫皖苏边区萧县游击支队和宿县大队合编为新四军游击支队第三总队。

12 月

5 日　豫鄂挺进纵队领导机关在鄂中京山马家冲遭日军 1500 余人袭击。激战终日，突出重围。

上旬　陈毅等人再次进泰州城，拜访李明扬、李长江，商谈团结一致共同抗日的问题。

11 日　中共豫东特委创建和领导的西华人民抗日自卫军，改编为新四军游击支队第二总队。

15 日　新四军第三支队及第 1 团激战一天半，保卫了繁昌城。

18 日　苏皖支队在仪征县月塘集粉碎日伪军 800 余人的进攻。

20 日　游击支队派第 1 团及党政干部 120 余人加强皖东北力量。

21 日　新四军第三支队血战两昼夜，毙伤日军百余人，再次保卫了繁昌。

下旬　皖东北抗日武装合编为新四军游击支队第四总队。

本月　新四军秘书处上报 1939 年底实力统计，军部及第三支队 7000 人，江南指挥部 14000 人，江北指挥部 10390 人，第六支队 12321 人，豫鄂挺进纵队 6200 人，全军共 49911 人。

1940 年

1 月

3 日　豫鄂挺进纵队在鄂中京山县八字门正式成立。

中旬　新四军苏皖支队与第五支队第 8 团在淮南津浦路东六台县竹镇会师，沟通了苏中和皖东的联系。

29 日　新四军苏皖支队与第五支队第 8 团在津浦路东天长、六合边境横山地区协同作战，粉碎了日伪军的合击。

本月　中共中央中原局在皖东定远召开第二次会议，确定建立抗日根据地的方针和任务。

史沫特莱访问豫鄂挺进队。

2 月

1 日　新四军军部命令游击支队正式改番号为新四军第六支队。

2 日　原日军战俘香河正男、后藤勇、滨中政志、田作造、横山岩吉等五人，在皖南宣誓参加新四军。

▲新四军叶挺军长（左）接见日军战俘香河正男、田作造（中）

8 日　新"江抗"在阳澄湖畔的洋沟溇遭日军袭击，经激烈
　　　战斗，毙伤日军警备队长以下 20 余人。

中旬　新四军苏皖支队在仪征县移居集地区与挺进纵队第 3 团
　　　合编，番号仍为苏皖支队，陶勇任司令员，卢胜任政
　　　治委员，梅嘉生任副司令员。

3 月

14 日　新四军第六支队睢杞太独立团袭击豫东杞县圉镇、焦
　　　阳店等据点。

16 日　新四军第六支队粉碎日军 2000 余人对豫皖苏边萧
　　　（县）永（城）地区的"扫荡"。

17 日　国民革命军第五十一军一部在皖北宿县王浅子一带遭
　　　日军追击。新四军第六支队第 8 团主动出援，后被增援
　　　日军包围。副团长陈文甫率一个排掩护主力转移，血
　　　战竟日。

本月　陈毅第三次进泰州城，会晤李明扬、李长江，商谈团
　　　结抗日问题，并经江苏省商会会长陆小波介绍，与苏
　　　北耆绅韩国钧（紫石）通信，进行统战联络。

4 月

3 日　新四军军长叶挺、副军长项英、政治部主任袁国平、
　　　副主任邓子恢，发出《为反对汪逆政权的成立告全军
　　　将士书》。

　　　新四军第 1、第 3、第 5 团及军教导队、特务营，连续
　　　作战十天，先后经过父子岭、纪家岭等战斗，粉碎了
　　　日军的进攻。

下旬　成立江南人民抗日救国军东路指挥部，谭震林任司令员兼政治委员。

5 月

13 日　新四军第六支队睢杞太独立团积极出击，击毙日军驻睢杞太部队指挥官，歼日伪军 100 余人。

19 日　国民革命军第 125 师一个团被日军包围于鄂中安陆以北李家冲一带。新四军豫鄂挺进纵队主动驰援，使该团安全突围。

29 日　第五支队袭入来安县城。

本月　新四军豫鄂挺进纵队在湖区击落日机两架，缴获重机枪四挺。

6 月

1 日　新四军第二支队新编第 4 团第 3 营于句容县西赤山地区伏击"扫荡"之敌。

　　　第六支队在新兴集周围与日军激战竟日，歼日伪军百余人。

24 日　苏鲁豫支队第三大队在皖东北宿县杜集一带，粉碎日伪军 600 余人的进攻。

7 月

8 日　新四军江南指挥部及第 2 团、新 6 团等部，经扬中北渡长江，到达江都县塘头地区，与挺进纵队、苏皖支队会合。

中旬　新四军江南指挥部改称苏北指挥部，由陈毅、粟裕任正副指挥，刘炎任政治部主任，钟期光任副主任。所辖挺进纵队、第 2 团、新 6 团、"江抗"第 2 团及苏皖支队分别编组为第一、第二、第三纵队，共九个团。

25 日　新四军苏北指挥部率所属部队由泰州以西东进。

28 日　在泰兴以北击溃拦阻我军的税警总团两个团。

29 日　新四军苏北指挥部率所属部队击溃保安第 4 旅何克谦部两个团，进驻黄桥与古溪、分界。随即南下，连克孤山、西来镇等日伪据点，并先后粉碎日伪军两次报复性"扫荡"。

本月　新四军豫鄂挺进纵队平汉支队在鄂中京山县平坝地区，粉碎日军第 3 师团 1200 余人的进攻。

8 月

2 日　罗炳辉率第五支队和第四支队各一部，在八路军第四纵队第 4 旅第 687 团配合下，发起淮宝战役，开辟了淮宝区抗日阵地。

上旬　陈毅拜访苏北著名士绅朱履先，介绍新四军团结抗日的宗旨。

20 日　中共中央中原局同意八路军第五路纵队的编制：以苏鲁豫支队编为第一支队，新 2 旅及第 687 团编为第二支队，陇海南进支队与新四军第六支队第四总队编为第三支队。

本月　新四军第三支队参谋长林维先率第 5 团第 3 营，由皖南北渡长江，进至无为县以东白茆洲地区，与桐东游击大队等部合编组成挺进团，开辟桐（城）无（为）地区以三官山为中心的敌后抗日根据地。

9 月

11 日　新四军江南部队粉碎日伪军的"扫荡"。

本 月 新四军第一、第五支队在地方武装配合下，展开反"扫荡"，历时 12 天，进行大小战斗 65 次，毙伤日伪军 600 余人，粉碎了日伪军的"扫荡"。新四军豫鄂挺进纵队在鄂中京山县平坝地区，再次击退日军步骑兵600 余人的进攻。

10 月

上旬 新四军皖南部队配合国民革命军第 52 师反"扫荡"，历时七天，经过左坑围困战等大小战斗数十次，粉碎了日伪军的"扫荡"，并收复泾县城。

10 日 由新四军苏北指挥部、鲁苏皖边区游击总指挥部和江苏省保安第 1 旅各一个连，及曲塘镇常备队为基础，在苏中海安曲塘镇成立鲁苏皖边区游击总指挥部直属纵队、鲁苏战区苏北游击指挥部第三纵队联合抗日司令部（简称"联抗"）。

17 日 蒋介石复电第三战区司令长官顾祝同，核准新四军改归第三十二集团军总司令上官云相指挥。

31 日 季方以军事委员会下辖的战地党政委员会指导员身份，在如皋县掘港镇（今如东县）召开南通、如皋、启东、海门地区军政负责人联席会议。会议决定成立苏北第四区抗日游击指挥部，季方任指挥，江苏省保安第 1 旅旅长薛承宗、游击第六纵队司令徐承德任副指挥，统一指挥该区抗日武装。

本 月 新四军豫鄂挺进纵队在鄂中京山县平坝地区第三次击退日军步骑兵的进攻。

崇明人民抗日自卫总队整编为崇（明）启（东）海（门）常备旅。11 月，改编为苏北第四区第 3 旅，辖两个团，归新四军苏北指挥部第三纵队指挥。

11 月

10 日　新四军第二支队第 4 团第 3 营在苏南丹阳界牌、大成桥
　　　一带，粉碎日伪军的袭击，毙伤日伪军 40 余人。

中旬　新四军苏北指挥部第三纵队司令员陶勇、政治委员刘
　　　先胜率部东进南通、如皋，启东、海门敌后地区。陶
　　　勇兼任苏北第四区抗日游击指挥部副指挥。

17 日　华中新四军八路军总指挥部在苏北海安成立，叶挺任
　　　总指挥，陈毅任副总指挥，刘少奇任政治委员，统一
　　　指挥陇海路以南的新四军、八路军部队。

25 日　中国人民抗日军政大学第五分校在苏北盐城成立，陈
　　　毅兼任校长，政治委员赖传珠（兼），冯定任副校长。

本月　新四军第二支队第 4 团在苏南镇江县宝埝镇（今属镇
　　　江市丹徒区）附近伏击出扰之敌。

12 月

8 日　国民政府军事委员会参谋总长何应钦、副参谋总长白
　　　崇禧发出齐电，再次强令第十八集团军及新四军限期
　　　开到黄河以北。

9 日　蒋介石颁发手令，凡在长江以南之新四军，全部限在
　　　12 月 31 日开到长江以北地区，1940 年 1 月 30 日以前
　　　开到黄河以北地区。

10 日　蒋介石密令国民革命军第三战区司令长官顾祝同，调
　　　集重兵，部署围歼新四军皖南部队。

26 日　中共中央电示项英等，敦促其克服动摇犹豫，坚持执
　　　行北移方针。

28 日　新四军军分会举行会议，决定新四军军部和皖南部队
　　　　向南绕道茂林、三溪、旌德，沿天目山麓宁国、郎溪
　　　　再进至溧阳地区，待机北渡。

本月　　新四军军部上报 1940 年底实力：军部及第三支队
　　　　10770 人，苏北指挥部 12000 人，江南指挥部 3500 人，
　　　　江北指挥部 18800 人。

1941 年

1 月

12 日　国民革命军第 52 师，第 108 师等 5 个师紧缩包围，对
　　　　新四军皖南部队实施向心合击。叶挺率部浴血奋战，
　　　　多次打退顽军进攻，固守石井坑。翌日下午，国民革
　　　　命军再次发起总攻，新四军阵地大部失守。叶挺率 500
　　　　多人向大康王方向突围。

▲皖南事变中被围攻的新四军

14 日　新四军皖南北移部队经八昼夜血战，终因寡不敌众，
　　　　弹尽粮绝。至此，全部 9000 余人，除约 2000 人突出重

围外，大部分壮烈牺牲和被捕。军长叶挺下山谈判，被国民革命军第 108 师扣押。袁国平在突围中殉职。项英、周子昆突围后，隐蔽于赤坑山蜜蜂洞，3 月 14 日遭杀害。

17 日 国民政府军事委员会发布命令，宣布新四军"抗命叛变"，"撤销"新四军番号，将叶挺"交军法审判"。并在江西省上饶设立集中营，残酷迫害新四军被捕人员。

18 日 中共中央发言人发表谈话，全面揭露国民党亲日派制造皖南事变，摧残抗日力量的罪行，痛斥蒋介石 1 月 17 日的反动命令，号召全国爱国军民同胞，以民族国家命运为重，粉碎少数民族败类发动的反共内战和投降卖国的阴谋。

重庆《新华日报》发表周恩来为皖南事变题词："千古奇冤，江南一叶。同室操戈，相煎何急!?"

华中新四军八路军总指挥部决定粟裕任新四军苏北指挥部指挥，刘炎任政治委员；新四军苏南新二支队及江南抗日救国军直接归华中总指挥部指挥。

20 日 中共中央革命军事委员会发布重建新四军军部的命令，任命陈毅为代理军长，刘少奇为政治委员，张云逸为副军长，赖传珠为参谋长，邓子恢为政治部主任。

中共中央革命军事委员会发言人对新华社记者发表谈话，向国民政府提出了取消 1 月 17 日的反动命令，严惩肇事祸首，办理善后事宜及坚持团结抗战等十二条平复事态的办法。

中共中央军委总政治部发出《关于皖南事变后八路军、新四军必须进行的紧急工作》的指示，指出必须用一切努力巩固部队，提高战斗力，同时也必须努力加强军区、军分区的建设，扩大地方性部队，以坚持原地斗争。

23 日 新四军代军长陈毅、政治委员刘少奇、参谋长赖传珠、政治部主任邓子恢通电全国，宣誓就职。

25 日 苏北各界在盐城举行庆祝新四军新军部成立大会。陈毅代军长发表就职演讲。

26 日 新四军豫鄂挺进纵队一部跨越平汉路东进，在孝感县松林岗一带粉碎日伪军 1000 余人的拦击。

28 日 中共中央中原局、新四军军部电示彭雪枫：相机向西发展，牵制日寇，策应友军，保卫中原。

新四军第三支队挺进团向皖西桐城、潜山、岳西敌后地区挺进，开展游击战。

31 日 江南抗日救国军第二纵队在苏南江阴县青阳镇西南桐岐一带，与敌遭遇，全歼日军 40 余人。

本月 新四军豫鄂挺进纵队决定成立豫东、豫南、天（门）汉（汉阳、汉川）、襄（河）西四个指挥部，统一指挥各区主力部队和地方武装。

2 月

4 日 江南抗日救国军发表宣言，宣布改编为新四军第三支队，并组织江南指挥部，谭震林为司令员兼指挥。

10 日 日伪军向豫皖苏边区"扫荡"，新四军第 4 师奋力反"扫荡"。

17 日 新四军第二支队一部在太（湖）滆（湖）李山地区反"扫荡"作战中，歼灭日伪军 200 余人。

18 日 中共中央军委发布委任令，委任新四军所属各师师长、政治委员：第1师师长粟裕，政治委员刘炎，政治部主任钟期光；第2师师长张云逸兼，副师长罗炳辉，政治委员郑位三，政治部主任郭述申；第3师师长并暂兼政治委员黄克诚，政治部主任吴文玉；第4师师长并暂兼政治委员彭雪枫，政治部主任肖望东；第5师师长并暂兼政治委员李先念，政治部主任任质斌；第6师师长并暂兼政治委员谭震林；第7师师长张鼎丞，政治委员曾希圣。

下旬　新四军第1师由苏北指挥部所属部队编成，辖第1、第2、第3旅：第1旅旅长兼政治委员叶飞；第2旅旅长王必成，政治委员刘培善；第3旅旅长陶勇，政治委员刘先胜。该师活动于苏中地区。

新四军第2师由江北指挥部所属部队编成。原第四支队改编为第4旅，旅长梁从学，政治委员王集成。原第5支队改编为第5旅，旅长成钧，政治委员赵启民。原江北游击纵队改编为第6旅，旅长兼政治委员谭希林。原路东联防司令部改编为独立旅，旅长杨梅生，政治委员刘顺元。该师活动于淮南地区。

新四军第3师由八路军第五纵队编成，辖第7、第8、第9旅：第7旅旅长彭明治，政治委员朱涤新；第8旅旅长田守尧，政治委员吴信泉；第9旅旅长张爱萍，政治委员韦国清。该师活动于苏北地区。

新四军第4师由八路军第四纵队编成，辖第10、第11、第12旅；第10旅旅长刘震，政治委员康志强；第11旅旅长滕海清，政治委员孔石泉；第12旅代旅长饶子健，政治委员赖毅。萧县独立旅旅长纵翰民，政治委员李中道。该师活动于淮北地区。

本月　新四军军工部在苏北盐城县岗门镇成立，韩振纪任部长，吴师孟、孙象涵任副部长，统一领导全军军工生产。

豫鄂边区抗日保安司令部成立，郑绍文任司令员，夏忠武兼政治委员，统一指挥和管理边区地方武装、自卫队。

新四军第3师政治部主办的《先锋报》创刊。

日伪军5000余人"扫荡"襄西抗日根据地。新四军豫鄂挺进纵队襄西部队转移至敌人侧后袭击日伪军据点周家集，歼日军一个小队、伪军一个中队，又袭击当阳地区伪军韩江陵部，终于粉碎了日伪军的"扫荡"。

3 月

2 日　刘少奇对淮南津浦路东抗日根据地工作方针作出指示，指出：根据地各项建设工作业已走上正轨，今后应着重深入组织工作，开展广泛的教育工作，开展敌伪区工作，缩小机关，抽出大批工作人员训练，实行军事化，以便紧张时能上火线作战。

上旬　新四军第6师由苏南部队编成。第二支队改编为第16旅，旅长由师参谋长罗忠毅兼，政治委员廖海涛（该旅于4月18日在宜兴闸口正式成立）；新三支队改编为第18旅，旅长江渭清，政治委员温玉成。该师活动于苏南地区。

18 日　中共中央军委总政治部对新四军第2师政治工作会议发出指示，着重指出，目前新四军正处在敌伪夹击的环境之中，第2师有独立坚持津浦路西根据地的任务，并必须有应付全国突然事变的准备，因此，政治工作应大踏步地向前迈进。

20 日　刘少奇致信中共苏中区委和新四军第 1 师领导人粟裕、刘炎、陈丕显、管文蔚等，指出：目前苏北情况已经有了很大的变动，敌人企图统治和伪化整个苏北。因此，反对敌人和汉奸伪化苏北，保卫苏北抗日民主根据地，就成为你们及苏北人民在目前唯一的直接的任务。

本月　新四军卫生部在苏北盐城成立，沈其震任部长，崔义田、戴济民、齐仲桓任副部长。

4 月

1 日　江南行政委员会成立，何克希任主任。
　　　日伪军"扫荡"淮上地区。新四军第 4 师进行反"扫荡"。

2 日　中共中央军委转发新四军第 4 师关于开展抗日民族统一战线工作的经验。

5 日　新四军第 5 师由豫鄂挺进纵队编成，辖第 13、第 14、第 15 旅及 3 个游击纵队：第 13 旅旅长周志坚，政治委员方正平；第 14 旅旅长罗厚福，政治委员张体学；第 15 旅旅长王海山，政治委员周志刚；第一纵队司令员杨经曲，政治委员张执一；第二纵队司令员黄林，政治委员刘子厚；第三纵队司令员兼政治委员何耀榜（第三纵队 9 月组成）。该师活动于鄂豫皖地区。

中旬　新四军第 1 师第 1 旅展开反"扫荡"，历时十一天，先后攻克古溪、蒋垛等日伪军据点。

10 日　新四军第 2 师第 4 旅第 12 团袭击仪征县以北谢家集日伪据点。

14 日　新四军第 2 师第 12 团、第 15 团、独 4 团等部，以攻点打援手段分别袭击谢家集等日伪据点。

17 日 新四军第 2 师第 4 旅第 12 团等部，在江苏六合县东北金牛山地区粉碎日伪军 700 余人的两路合击。

20 日 苏中军区成立，粟裕兼任司令员，刘炎兼任政治委员。下辖四个军分区及"联抗"：第一军分区（1942 年 3 月成立）司令员、政治委员温玉成（兼）；第二军分区（11 月成立）司令员管文蔚（兼），政治委员钟民；第三军分区司令员陈玉生，政治委员叶飞（兼）；第四军分区司令员季方，政治委员向明（兼）；"联抗"司令员黄逸峰。

22 日 新四军第三支队挺进团与第 5 师第 14 旅第 42 团在皖西宿松县以北陈汉沟胜利会师，首次沟通了军部与第 5 师的联系。

23 日 新四军第 1 旅第 1 团在苏中泰兴以东姚家岱击毙日军加婀养义少尉以下 20 余人，俘日军 2 人。

25 日 新四军军部指示第 4 师，留 3 个团及地方武装在淮北津浦路西坚持抗日游击战，主力到皖东北巩固抗日根据地。

26 日 新四军第 3 师第 8 旅第 24 团第 2 连，在苏北淮安县大胡庄遭日伪军 700 余人合围。

28 日 洪学智率中国人民抗日军政大学总校华中第二派遣大队教职员工 100 余人，到达苏北盐城，加强了抗大第五分校的教学力量。洪学智任第五分校副校长。

30 日 中共中央军委发布新四军各师军政委员会组成决定：第 1 师军政委员会由刘炎、粟裕、钟期光、周林等四人组成，刘炎为书记；第 2 师军政委员会由张云逸、罗炳辉、郭述申、周骏鸣、郑位三等五人组成，张云逸为书记；第 3 师军政委员会由黄克诚、吴文玉、彭雄、彭明治、朱涤新等五人组成，黄克诚为书记；第4师军政委员会由彭雪枫、张震、肖望东、岳夏、赖毅等五人组成，彭雪枫为书记；第五师军政委员会由李先念、任质斌、刘少卿、陈少敏等四人组成，李先念为书记；第6师军政委员会由谭震林、江渭清、罗忠毅等三人组成，谭震林为书记；第7师军政委员会由曾希圣、张鼎丞、孙仲德、何伟等四人组成，曾希圣为书记。

鄂豫边区军政联合办事处改为行政公署，许子威为主任。

本月　新四军第1师第2旅第6团在苏中兴化县芦洲地区伏击日军汽艇，全歼日军一个小队。

5 月

1 日　新四军第7师由无为游击纵队、第三支队挺进团及皖南突围部队编成，辖第19旅及挺进团。第19旅旅长孙仲德，政治委员曾希圣（兼）。该师活动于皖江地区。

▲ 活跃在洪泽湖上的新四军水上支队

4 日 中国人民抗日军政大学第八分校在皖东天长县张公铺
正式成立，张云逸兼任校长，罗炳辉兼任副校长。

新四军第5、第9、第10旅各一部，在洪泽湖地区协力
作战一周，肃清了湖匪，控制了洪泽湖及成子湖。

彭雪枫率第4师主力向皖东北转移，张震、吴芝圃率第
11旅留在路西坚持斗争。

10 日 根据中共中央关于开辟浙东根据地的部署，淞沪游击
队第五支队派出首批分队到浙东三北地区侦察。6月至
9月，又有六批浦东武装南渡到浙东，开展敌后抗日游
击战争。

15 日 苏北阜宁县抗日民主政府动员上万军民，修筑导淮河
至大垛段海堤，全长45公里。7月底竣工。

20 日 中共中央电示：饶漱石代理新四军政治部主任。

22 日 中共中央华中局发出通知：奉中共中央电令，以刘少
奇、陈毅、张云逸、邓子恢、赖传珠为中央军委华中
分会委员，刘少奇为书记。

中共中央华中局、新四军军部指示各级党政机关及部
队，必须周密部署，保护麦收，帮助农民收割。

23 日 中共中央华中局发出关于准备粉碎敌伪大举"扫荡"
苏北的指示，要求发动群众，坚持长期抗战，保卫抗
日根据地。

下旬 新四军第2师展开反"扫荡"，历时七天，先后经龙王
山等20多次战斗，粉碎了日伪军的"扫荡"。

本月 德国共产党员、记者汉斯·希伯偕夫人秋迪，抵达苏
北盐城新四军军部访问。

中共浦东工委领导的第三战区淞沪游击队第五支队等
部，由浦东分批南渡杭州湾，向浙东姚江以北余姚、

慈溪、镇海等三县敌后地区（简称"三北"地区）
发展。

新四军第7师《战斗报》（1942年改为《大江报》）创刊。

6 月

1 日 中共中央华中局发布《关于组织根据地人民大多数的
决定》，着重指出，要正确执行统一战线政策，进行减
租减息，实行合理负担，改善群众生活，将80%以上
的工农群众组织起来共同抗日，建设巩固的抗日民主
根据地。

6 日 中共中央军委华中分会召开扩大会议，历时两天。陈
毅作《论建军工作》的报告，提出了建设正规化党军
的任务。刘少奇作了会议总结。

新四军苏中军区召开地方武装会议，粟裕作《关于苏
中地方武装建设问题》的报告。

18 日 淞沪游击队第五支队等部在浙东余姚县以北相公殿伏
击日军，毙伤日军16人。

29 日 新四军第5师第13旅一部袭击鄂中安陆县烟墩店日军
据点。

30 日 新四军第4师宿东独立团攻克花庄伪军据点，全歼伪军
200余人。

本月 由八路军第115师教导5旅改编的新四军独立旅，在淮
海地区武装保卫群众夏收，共毙伤日伪军180余人，俘
日军1人、伪军120余人。

7 月

4 日 中共中央军委总政治部发出对新四军政治部工作方针

的指示，指出：新四军政治部必须成为有工作能力的指导机关，成为华中各师工作的统一领导机关。

7 日　新四军第 3 师部队在苏北盐城击落日军飞机一架，日机坠毁于泰沽公司附近。

9 日　中共中央军委发言人发表谈话，驳斥国民政府军委会军政部长何应钦在《第四年抗战经过》一文中所谓"新四军违抗命令，不遵调遣，蓄意破坏抗战局面，破坏抗日阵线，故下令解散"等谰言，要求国民政府站在抗战立场，罢免何应钦，迅速解决新四军问题，以利团结抗战。

10 日　新四军第 5 师第 13 旅一部袭击上巡店日军据点，毙伤日军 30 余人。

11 日　中共中央军委总政治部任命饶漱石为新四军政治部主任，邓子恢为新四军第 4 师政治委员。

14 日　新四军第 6 师第 16 旅在苏南句容、丹阳、武进、金坛、溧水之间对日伪军展开进攻。

17 日　新四军第 6 师第 18 旅政治部发布《告江南同胞书》，号召江南人民团结起来，粉碎日伪的"清乡"。

18 日　新四军第 4 师一部伏击淮阴渔沟集出扰日军，歼日军60 余人。

19 日　新四军第 4 师在淮宝县仁和集（今属泗洪县）召开军政委员会扩大会议，历时 7 天。会上，彭雪枫代表第 4 师军政委员会作《三个月对日伪军作战和反顽斗争的经验教训》的专题报告，华中局代表邓子恢作了会议总结。

27 日　新四军第 6 师第 18 旅第 52 团攻克苏南苏州西郊伪军据点寺桥镇，全歼伪军警卫第 3 师一个连。

本月 新四军第7师挺进团挺进皖西泊湖地区,与中共赣北特
委会合,成立鄂皖挺进支队,并将桐城、安庆、潜山
等地的游击武装整编为桐西独立团,开辟了桐城以南
抗日根据地。

本月 新四军第3师和第1师密切配合展开盐阜地区反"扫
至 荡",历时一个多月,作战135次,粉碎了日伪军的
8月 "扫荡"。

8 月

1 日 新四军第4师骑兵团在淮宝县岔河镇(今属洪泽县)
成立。

8 日 新四军第5师第13旅一部袭入鄂中孝感县城,全歼日
军宣抚班,俘日军一人,毙伤伪军40余人,烧毁汽车
十余辆。

上旬 新四军第5师第13旅一部和天汉地方武装,在汉
(口)宜(昌)公路伏击日军车队,击毁汽车两辆,
俘日军四人。

14 日 陈毅、刘少奇、赖传珠致电新四军第6师,指示:第6
师各旅、团应以分区转移应付日伪"清乡"为指挥原
则。应付苏南危局需要果断,同时需要灵活的策略。

15 日 新四军第1师第2旅一部攻克苏北日伪据点裕华镇,并
两次击退大中集增援之敌。

24 日 中共中央华中局和新四军军部发出对苏南东路反"清
乡"斗争的指示,指出:日伪的"清乡"是分区"清
乡"的性质,第6师各旅、团要以分区转移的方法对
付日伪的分区"清乡"。

本月 新四军军工部撤销。第2师军工部在淮南天长县成立,

吴师孟任部长，方忠立任政治委员，吴运铎任子弹厂厂长。第3师军工部在苏北阜宁县大旋庄成立，孙象涵任部长。

9 月

5 日　新四军第5师政治部发布关于大量提拔工人农民干部参加政治工作的训令。

9 日　中共中央华中局和新四军军部决定，为便利指挥起见，将第4师第10旅拨归第3师建制，第3师第9旅拨归第4师建制，旅、团番号照旧。

10 日　新四军第1师第3旅第8团在如东县任家旗杆设伏，击沉日军汽艇一艘，毙日军十余人。

13 日　新四军盐阜军区成立，洪学智任司令员，刘彬任政治委员。

20 日　新四军第8师第8旅攻克涟水县东北郑潭口伪军据点，全歼伪军600余人。

下旬　新四军第3师第8旅第24团在陈官庄地区伏击抢粮之敌，击毙日军30余人。

新四军第5师第14旅第40团在黄陂县以北长轩岭设伏，击毙日军十余人，俘日军2人、伪军17人，缴获汽车3辆。

谭震林在苏南江阴县西石桥召开党政干部会议，总结苏（州）常（熟）太（仓）反"清乡"斗争的经验教训，部署澄（江阴）锡（无锡）虞（常熟）及澄（江阴）西、丹（阳）北地区的反"清乡"斗争。

本月　新四军第1师第1旅参谋长张藩率高宝挺进支队，收复了江都县北部以樊川镇为中心的广大地区，开辟了高

（邮）宝（应）游击区。

新四军第7师第56团1个营南渡长江，进入铜陵、繁昌、芜湖等沿江地区，与当地游击队会合组成第57团，开展该区抗日游击战争。

至1942年2月14日，日伪在苏南澄锡虞地区开始"清乡"，第6师第18旅以分区转移应对。

10 月

7 日　新四军第6师第18旅主力北撤至江（都）高（邮）宝（应）地区执行开辟新区任务。

12 日　新四军军部集会庆祝新四军成立四周年，赖传珠作《本军成立和发展》的报告。

14 日　新四军淮北苏皖边军区成立，赖毅任司令员，饶子健任副司令员，刘子久任政治委员。

下旬　陈毅到第4师视察工作。

本月　陈毅、刘少奇发布作战命令，指出，敌攻湖北，又犯郑（州）洛（阳），国民党已集中力量抗战，我新四军各部，应向各重要交通线予以可能的袭击，配合国民革命军作战。同时，应向国民革命军其他各部队发出通告，要求他们配合对敌。

陈毅、刘少奇、饶漱石、赖传珠致电新四军第6师，指示：第6师的任务是尽可能地在江南坚持，打破敌人的"清乡"，并将反"清乡"斗争的经验转告各地。

由吕炳奎、王仲良、蔡群帆组成中共路南特委军事委员会浙东分会，吕炳奎为书记，统一领导"三北"地区的抗日斗争。

新四军第5师决定在随营学校基础上成立中国人民抗

日军政大学第十分校，李先念兼任校长。1942 年 2 月
15 日，在鄂中白兆山举行开学典礼。

日伪对苏南澄（江阴）锡（无锡）虞（常熟）地区实
施第二期"清乡"。当地军民积极展开反"清乡"
斗争。

新四军第 5 师第 14 旅第 42 团一部在鄂皖边多云山地区
设伏，毙伤日军中队长以下数十人。

11 月

9 日　新四军兵站总部成立，由供给部长宋裕和兼任兵站总
部部长，供给部副部长叶进明兼任兵站总部副部长。

14 日　新四军第 1 师第 1 旅第 1 团在苏中如皋以西高明庄、白
家湾地区伏击"扫荡"之敌。

28 日　新四军第 6 师第 16 旅旅部在苏南溧阳县塘马地区，遭
日伪军 3000 余人合围。经奋勇抗击，血战终日，毙伤
日伪军数百人，终因敌众我寡，除部分人员突出重围
外，指战员 270 余人壮烈牺牲。

29 日　中共中央军委任命傅秋涛为新四军第 7 师副师长，叶
飞为新四军第 1 师副师长。

30 日　新四军第 5 师特务旅成立，罗厚福任旅长，何耀榜任
政治委员。

下旬　新四军第 18 旅攻克苏中宝应县西南日伪据点王营，毙
伤日军十余人，俘伪军 50 余人。

本月　中共中央军委决定，新四军第 6 师第 18 旅划归第 1 师
建制，第 16 旅划归第 1 师指挥。

新四军第 4 师第 9 旅旅长张爱萍调任第 13 师副师长。

谭震林在苏中第三军分区营以上干部会上，作《关于

江南反"清乡"斗争的经验教训》的报告。

本月　鄂中日军2000余人"扫荡"安（陆）应（山）抗日根
至　　据地中心区赵家棚地区，历时20余天，被新四军第5师
12月　及当地军民粉碎。

12 月

7 日　新四军第1师第3旅第8团在苏中如皋县丰利镇东南花
市街一带，歼灭伪军1个多团及日军平间大队一部。

8 日　新四军军部召开全体青年反法西斯座谈会，并推选在
延安的吴奚如、罗琼为出席中国青年反法西斯大会的
代表。

11 日　新四军淮海军区沭河大队在沭（阳）新（安镇）公路
间扎埠地区伏击日伪军。

14 日　新四军军部决定在"联抗"活动地区成立军政党委员
会，黄逸峰为书记，归苏中军政党委员会领导。

24 日　新四军第1师第1旅第2、第3团，第3旅第7团，攻
克苏中如皋县丰利镇日伪军据点。

本月　中共中央军委重新划分新四军各师活动范围：第1师东
至东海，西迄运河，南到长江，北达盐城；第2师东至
天长、六合、高邮湖，西抵淮南铁路，南至合肥、巢县，
北至淮河、洪泽湖南；第3师东至黄海，西至运河，南
至盐城，北抵陇海路；第4师东至运河，西至津浦路，
南至淮河，北抵陇海路；第5师东至黄梅、广济，西至
襄河，北抵信阳、桐柏，南至武汉及长江；第6师东至
京江路（沪宁路）东，西至南京、溧阳，南抵太湖，
北迄江都、高邮、仪征；第7师东至淮南路南段，西至
潜山，北抵巢湖、舒城，南迄皖南繁昌、铜陵。

新四军军部上报 1941 年年底实力：军直 3170 人，独立旅 5119 人，第 1 师 13700 人，第 2 师 15582 人，第 3 师 19731 人，第 4 师 11354 人，第 5 师 8380 人，第 6 师 5503 人，第 7 师 4245 人，全军共 86784 人。

本月至
1942 年 2 月　新四军第 5 师第 15、第 13 旅及天汉地方武装，对侏儒山地区日伪军发动进攻，历时 50 余天。

1942 年

1 月

10 日　新四军第 5 师第 43 团在沔阳县西流河以南蜈蚣岭一带，粉碎日伪军进攻。

下旬　新四军淮南津浦路西地方武装，于柏家园子伏击敌人，全歼日军一个小队。

本月　伪警卫军第 4 旅第 12 团第 1 营营长陈震率一个连在苏南丹（阳）北地区反正，参加新四军第 18 旅抗日。

2 月

2 日　新四军第 5 师第 13 旅一部进击鄂中沔阳县胡家台日伪军，伪军逃散。

11 日　新四军第 2 师军政委员会作出《关于贯彻中共中央精兵简政指示的决定》，要求主力部队按五分之三、地方武装按五分之二的原则缩编。第 4 旅撤销第 12 团，第 5 旅撤销第 15 团，第 6 旅第 18 团划归路西联防司令部建制。

15 日　新四军第 3 师在苏北阜宁县孙家庄召开军事教育会议。

28 日　新四军第 3 师第 8 旅主力一部夜袭阜（宁）东鲍家墩
　　　日伪军据点，毙伤日伪军 90 余人。

本 月　淮南军区成立，张云逸兼司令员，罗炳辉兼副司令员，
　　　郑位三兼政治委员。

3 月

16 日　中共中央军委任命新四军第 6 师师长兼政治委员谭震
　　　林为第 1 师政治委员，并决定第 6 师部队归第 1 师统一
　　　指挥，番号不变。
　　　日伪军 300 余人侵入苏北盐城以东洋马港，被新四军第
　　　3 师逐退。

25 日　中共中央华中局决定，将中国人民抗日军政大学第五
　　　分校改为华中总分校，陈毅兼任校长，韩振纪任副
　　　校长。

28 日　中共中央华中局决定，以曾希圣、傅秋涛、孙仲德、
　　　何伟等四人组成新四军第 7 师军政委员会，曾希圣为
　　　书记。曾希圣离部期间由傅秋涛代理书记。

29 日　新四军第 3 师第 7 旅第 19 团进袭苏北淮阴县苗何庄日
　　　伪军据点。

31 日　中共中央华中局发出指示，在苏中地区，由新四军第 1
　　　师师部、旅部兼军区、军分区工作，但以地方领导副
　　　之。并指出一切编制和部署均应按照游击环境以采取
　　　分散作战、长期坚持为主。

本 月　淮北行政公署和新四军淮北军区联合召开民兵大会。
　　　新四军第 1 师军工部在苏中海门县海复镇成立，程望任
　　　部长，罗湘涛任政治委员。

4 月

15 日　新四军第 1 师第 1 旅一部攻击苏中如皋县白蒲镇伪军据点，歼伪军第 34 师特务团大部。

27 日　新四军淮北苏皖边军区独立 1 团在泗阳县临河集西古乡伏击日军车队。

28 日　新四军军部电示各师，要立即组织武装保护夏收，并动员部队帮助群众收割。

▲新四军指战员帮助当地群众生产劳动

本月　陈毅、饶漱石、赖传珠致电新四军第 6 师第 16 旅，指示苏南部队今后的任务。

新四军第 7 师第 56、第 57 团各一部，进入含（山）和（县）地区与当地游击队汇合，组成含和独立团。同时，第 57 团另一部沿长江西进贵池、东流敌后地区开展游击战争。初步完成了创建皖中、皖南敌后游击根据地，打通与第 2 师、第 6 师战略联系的任务。

新四军军部任命钟国楚为第 6 师第 16 旅旅长，江渭清为政治委员。

5 月

9 日 新四军第 5 师第 14 旅主力分两路南渡长江，挺进鄂南敌后。7 月间，东、西两路部队在咸宁县高桥会师。

15 日 新四军第 1 师第 3 旅一部在苏中海门县十八垇河南北一线，伏击由悦来镇出犯之日伪军 160 余人。

中共领导下的浙东抗日游击队 200 余人，组成南进支队，从余姚地区出发，越过曹娥江，开辟以诸暨、枫桥为中心的会稽山抗日游击根据地。

18 日 新四军军部颁布《抗日自卫队与民兵暂行组织条例》。

伪军事委员会航空总署直属警卫营营长顾济民率部 300 余人，于常州机场反正，投奔新四军第 16 旅参加抗日。

19 日 新四军第 1 师第 3 旅一部攻击苏中海门县三阳镇日伪军据点，毙伤日军 30 余人、伪军 40 余人。

6 月

3 日 新四军第 1 师第 3 旅第 7 团在苏中海门县斜桥地区伏击由三阳镇出犯之敌。

新四军第 5 师师部、第 13 旅旅部及第 37 团在鄂中京山县大山头地区，粉碎了日伪军 1000 余人的袭击，毙伤日军 30 余人。

4 日 新四军直属队成立整风检查总委员会，领导和推动整风学习。曾山为主任，彭康为整风文件研究总指导员。在成立大会上，陈毅作报告，指出整风运动在思想上、学习上革命的重要意义。还提出充分发扬自我批评的精神，洗刷三风不正的余毒，以整风作为推动工作的武器。

12 日　中共中央决定新四军第 5 师师长兼政治委员李先念兼
　　　任鄂豫边区党委书记，鄂豫边区军政党委员会撤销。

20 日　中共苏中区委员会、新四军第 1 师兼苏中军区联合发出
　　　《关于反"清剿"的指示》，要求立即全面动员，团结
　　　党、政、军、民开展以反"清剿"为中心的群众运动，
　　　争取反"清剿"胜利。

28 日　新四军苏中军区第四军分区南通警卫团奔袭茅家镇，
　　　毙伤日伪军 90 余人，俘日军 2 人，伪军 24 人。

本月　新四军所属各部队按照中共中央华中局和中共中央军
　　　委华中分会的指示精神，在坚持对敌斗争的同时，经
　　　过思想动员与组织准备，逐步开展整风运动。

▲新四军军部人员在听整风报告

中共中央华中局和新四军军部先后发出《对浙江形势
的估计及今后的意见》《对发展浙江工作的指示》。要
求浙江党组织必须站在领导抗日游击战争的第一线，
并应有建立抗日武装、抗日民主根据地的独立政策，
利用华中抗战经验，迅速占领阵地，完成自己的
工作。

新四军第6师第16旅主力一部先后攻克皖南当涂县博望、苏南江宁县小丹阳等日伪据点，恢复了横山以南江（宁）当（涂）溧（水）抗日游击根据地。

7 月

1 日　第6师第16旅主力一部先后攻克皖南当涂博望、苏南江宁小丹阳等日伪据点，恢复了江当溧根据地。

5 日　新四军第4师第11旅一部攻克淮北新集伪军据点。

21 日　中共中央军委同意新四军第5师因与军部联系困难，暂由中央军委直接指挥，在通讯联络解决后，仍归新四军指挥。

27 日　中共中央华中局指示新四军第5师，在大力发展鄂南的同时，要克服一切困难，坚持原有抗战阵地。

29 日　新四军第4师第11旅一部在皖东北灵璧县藕庄、草沟集一带，袭击抢粮的日伪军。

8 月

1 日　中共中央华中局和新四军军部在苏北东坎镇（今滨海县）召开华中抗日军政大学各分校联席会议，陈毅作了关于抗大建设工作的报告。

5 日　由新四军和中共浙东区委领导的江浙边区抗日游击联合指挥部在浙东慈（溪）北成立，同月改名为第三战区三北游击司令部。司令员何克希，政治委员谭启龙，副司令员连柏生，参谋长刘亨云，政治部主任张文碧。部队统一整编为第三、第四、第五支队，在三北、四明山、会稽山地区开展敌后游击战争，并组织了一支精干武装，仍以淞沪第五支队名义，回浦东地区，坚持上海外围的抗战阵地。

10 日　新四军第 5 师鄂皖兵团指挥部组成，刘少卿兼任指挥长，杨学诚任政治委员。同时将黄阔、鄂南划为第四军分区，刘少卿兼任司令员，杨学诚兼任政治委员；鄂皖边划为第五军分区，张体学任司令员，刘西尧兼任政治委员。

16 日　新四军第 5 师特务团一部在鄂东黄冈县陶店，全歼日军一个小队。

20 日　浙东抗日武装一部在诸暨县龙山、凤山一带，击毙日军尉官泽柳春夫以下 30 余人，俘日军 1 人。

26 日　我国著名记者范长江抵达苏北阜（宁）东停翅港新四军军部，参加抗日工作。

9 月

4 日　新四军第 3 师第 8 旅一部袭击苏北响水口百禄沟（今属响水县）日伪军据点。

5 日　中共中央华中局和新四军军部发出对浙东斗争方针的指示，指出我军应坚持向敌后发展的方针，在沿海、山区打下长期坚持游击战的基础。应迅速取得四明山、会稽山为主要阵地，达到在浙东保持战略支点的目的。

25 日　新四军第 1 师第 3 旅第 7 团在谢家渡，歼灭日军第 12混成旅团第 52 大队。

本月　新四军第 1 师兼苏中军区部队进行统一编组，第 1、第 2、第 3、第 18 旅各保留一个主力团，齐装满员，担负全区机动作战任务。各旅所辖其他团实行主力地方化，加强军分区和各县的武装。

新四军第 4 师侦察员夏陶然因精兵简政离队后，到泗阳县南中潼村任小学教员，在教学中实行学习与生产劳动相结合，被誉为"夏陶然道路"。

日伪在浦东地区开始"清乡"，至1943年3月30日结束。三北游击司令部派短枪队返回浦东，开展反"清乡"斗争。

10 月

26 日 中共中央军委决定：新四军第1、第6师领导机关对内实行合并，由粟裕统一指挥，原番号不变。

下旬 苏中军政党委员会在掘港（今如东县）以东南坎镇召开扩大会议，谭震林代表华中局作重要报告，粟裕、陈丕显、管文蔚、叶飞讲话。会议对军事建设、广泛开展游击战争，精兵简政、"三冬"（冬防、冬学、冬耕）工作、一元化领导等问题，确定了具体方针和实施步骤。

本月 新四军第4师兼淮北军区，彭雪枫兼任司令员，邓子恢兼任政治委员，张震兼任参谋长，吴芝圃兼任政治部主任。下辖三个军分区：第一军分区由第9旅兼，司令员韦国清，政治委员康志强；第二军分区由第11旅兼，司令员滕海清，政治委员赖毅；第三军分区司令员赵汇川，政治委员由康志强兼。淮北苏皖边军区撤销。

11 月

1 日 中共中央军委、总政治部任命谭震林为新四军政治部主任，免去饶漱石兼政治部主任职务。

华中医学院在淮南成立，新四军卫生部长沈其震兼任院长，富乃泉任副院长。

5 日   新四军第 4 师第 9 旅第 27 团夜袭泗县东老山庙据点，
        歼日伪军 130 余人。

7 日   新四军第 3 师在苏北阜宁县孙河庄举行军事检阅竞赛
        大会，陈毅代军长和黄克诚师长出席大会并讲话。

9 日   张云逸副军长由淮南新四军第 2 师到苏北军部工作。
        新四军第 3 师第 8 旅第 22 团及涟东总队在佃湖一带阻
        击进犯之日军，激战一天。

20 日   苏中行政公署和新四军苏中军区司令部发布《苏中人
        民抗日自卫武装组织暂行条例》。

21 日   新四军第 3 师第 7 旅第 19 团，在苏北淮阴县丁集击退
        日伪军 200 余人的进攻。

25 日   邹韬奋抵达苏中抗日根据地，参加抗日文化工作。

下旬   淮南明光、滁县、来安等地日伪军共 2000 余人"扫
        荡"定远地区，被淮南津浦路西军民粉碎。

12 月

10 日   伪军 1000 余人分三路合击淮北青阳镇（今泗洪县）东
        北朱家岗。新四军第 4 师第 9 旅第 26 团扼守村落围寨，
        反复与敌肉搏，激战 18 小时，先后击退敌 10 次冲锋，
        毙伤日伪军 280 余人，余敌弃尸溃逃。

上旬   淮海区军民在新四军第 3 师部队掩护下，发动破击战，
        使全区七条主要公路交通陷于瘫痪。
        中共中央华中局决定刘先胜任新四军第 18 旅旅长，韦
        一平任政治委员。第 18 旅旅长兼政治委员温玉成赴延
        安参加党的七大。

11 日   新四军首长致电第 7 师，指出：只有向敌后发展，方是
        唯一正确与胜利的方针；第 7 师的主要发展方向，应是

含（山）和（县）及巢湖北岸地区，沿江浦及合肥以南，打通与第 2 师的联系，无为以西只能沿江逐渐伸展，皖南要注意向东西义桥、三山、天官圩、铜陵、贵池方向敌后发展。

15 日
至
17 日 日军第 3、第 58 师团及伪军第 11 师各一部共 1 万余人，分 14 路围攻鄂东大小悟山地区新四军第 5 师领导机关。第 5 师领导率主力摆脱敌人的合围，转入外线作战。

19 日 日军第 3、第 6、第 40、第 58 师团各一部共 5 万余人，分五路"扫荡"大别山地区，连陷县城十余座。新四军第 5 师以第 13 旅及第一、第五军分区地方武装挺进大别山敌后地区，积极打击日伪军，配合国民革命军作战。

20 日 新四军政治部主任谭震林离开苏北军部赴淮南第 2 师。

25 日 中共中央华中局和新四军军部离开苏北盐阜区向淮南津浦路东转移，1943 年 1 月 10 日进抵盱眙县黄花塘。

31 日 王必成率新四军第 2 旅第 4 团及兴化独立团、盐城警卫团各一部，渡江南下，1943 年 1 月 12 日进抵苏南丹阳县延陵镇地区与第 16 旅部队会师。

本月 苏北军区成立，由新四军第 3 师兼，黄克诚兼军区司令员、政治委员。原盐阜、淮海军区分别改为军分区。第 8 旅兼盐阜军分区，张爱萍副师长兼旅长和军分区司令员、政治委员；第 10 旅兼淮海军分区，刘震旅长兼军分区司令员，金明为政治委员；第 7 旅主力担负全区机动作战任务。

新四军苏中军区海防纵队成立，第 1 师第 3 旅旅长陶勇兼任司令员，陆舟舫任副司令员，下辖 3 个团。

新四军独立旅奉命由苏北淮海区北上山东，归八路军建制。

新四军军部上报 1942 年底实力：军直 2378 人，第 1 师 16501 人，第 2 师 12314 人，第 3 师 17243 人，第 4 师 9320 人，第 5 师 9823 人，第 6 师 6147 人，第 7 师 7221 人，浙东 1455 人，全军共 82402 人。

1943 年

1 月

3 日　新四军第 5 师一度收复湖北省麻城县城。

4 日　中共中央决定，张云逸免兼新四军第 2 师师长，专任副军长。任命罗炳辉为第 2 师师长，谭震林为第 2 师政治委员。

5 日　毛泽东致电新四军，指出：整个抗战尚须准备两年，你们须想各种办法熬过两年，保持我军基本骨干，不怕数量减少，只要骨干存在，即是胜利。

8 日　新四军淮南军区司令部发布《为加紧团结保卫大别山告皖东全体军民书》。

10 日　中共中央发出对华中反"扫荡"的指示，指出，在敌寇"扫荡"下，华中敌后形势可能日趋严重，要求在根据地的一切工作方式切忌张扬，应采取各种复杂的方法来保存我之力量，以便度过今后最危险的两年。

14 日　新四军第 4 师开展拥政爱民月活动。

15 日　中共苏中区委员会发出《关于彻底实行精简的决定》，指出，日伪开始"清乡"的严重形势，要求从坚持斗争出发，彻底精简。全区党、政、军、民各级机关共精简了 9200 余人，区党委、行政公署、军区和新四军第 1 师机关精简后加在一起只有 73 人。

新四军第 3 师在苏北阜宁县张庄召开干部会议，黄克诚师长作关于目前政治形势和坚持盐阜区斗争、反对右倾逃跑以及加强文化领导问题的报告，张爱萍副师长作关于怎样坚持盐阜区斗争问题的报告。

16 日 新四军军部决定，第 16 旅与第 2 旅合并，仍沿用第 16 旅番号，王必成任旅长，江渭清任政治委员，下辖 5 个团。第 2 旅第 4 团改称第 16 旅第 48 团。1 月 29 日中央军委复电同意。

19 日 新四军电报中央军委：军直连续经过四次精简，原有单位 16 个，精简为 9 个，人员从 3884 人，减为 1803 人。精简前战斗员占总数的 31%，精简后占总数的 65%。

2 月

1 日 日伪在浙东余姚北部开始"清乡"。三北游击司令部部队进行反"清乡"斗争。

4 日 中国人民抗日军政大学第九分校、苏中党训班及新四军第 1、第 3 旅教导队渡江南下，于中旬到达苏南溧水县里佳山地区与第 6 师第 16 旅会合。

16 日 新四军第 3 师第 7 旅一部，在苏北淮安县张儿庄附近与日军第 17 师团第 51 大队遭遇，经激战，击毙日军大队长以下十余人。

18 日 新四军通电全国，庆祝废除中美、中英之间的不平等条约，指出，全国军民仍须再接再厉，加强团结，坚持抗战，最后战胜日寇。

22 日 新四军第 3 师第 7 旅一部及淮海区地方武装，袭击苏北沭阳县钱集日伪军据点。

26 日　浙东三北游击司令部所属淞沪第五支队一部夜袭苏南奉贤县（今属上海市）苏家码头日伪军检问所，击毙日军三人，俘伪警九人。

28 日　新四军第 3 师第 8 旅第 23 团及涟东总队，在苏北涟（水）东遭日伪军近 2000 人合击，激战 9 小时，第 23 团第 9 连为掩护全团主力突围，两个排指战员壮烈牺牲。

本月　新四军第 5 师第 15 旅先遣队，从天（门）西泗港市、多宝湾之间渡过襄河（今汉水），挺进江陵、监利、潜江间的三湖、白露湖敌后地区。与此同时，成立了中共襄南工作委员会和新四军第 5 师襄南指挥部，李人林任指挥长，刘真任政治委员兼襄南工委书记。

2 月
至
4 月　新四军第 3 师第 8、第 7 旅等部在当地军民配合下，全面展开反"扫荡"，至 4 月 10 日止，共作战 658 次，攻克据点 50 余处，毙伤日伪军 1070 余人，俘日伪军 780 余人。

3 月

5 日　新四军政治部公布《本军拥政爱民公约》。

上旬　中共苏中区委员会和苏中军区发布反"清乡"紧急动员口号，号召全区军民一切服从战争，一切为了反"清乡"斗争的胜利，并提出"每月每乡杀一个敌人"等行动口号。

12 日　新四军第 3 师第 8 旅第 23 团和地方武装干部，于苏北阜宁县太平桥截击沿射阳河南下之日军汽艇，毙伤日军十余人，俘日军三人。

16 日　中共中央华中局和新四军军部发出关于苏中反"清乡"斗争的指示，要求苏中军民树立胜利信心，并指出，只有动员军事、政治、经济、文化各方面力量，顽强坚持原地斗争，才能粉碎日伪的"清乡"。

新四军第 3 师第 8 旅第 22 团一部在苏北涟水县以东黄营子，伏击由涟水出扰之日军。

17 日　新四军第 3 师参谋长彭雄、第 8 旅旅长田守尧等团以上干部 20 余人，由苏北盐阜区乘船渡海经山东赴延安，航行至连云港外海面，遭日军舰艇袭击，彭雄、田守尧及部分干部壮烈牺牲。

皖中日伪军 6000 余人由巢县、无为等地出动，分进合击银屏山地区新四军第 7 师领导机关。第 7 师主力跳出合击圈，向日伪侧后进击，历时半月，攻克无为县以东三官殿、汤家沟等据点。

18 日　新四军第 3 师第 7 旅第 19 团第 4 连，在苏北淮阴县刘老庄地区遭日军 1000 余人合围，全连官兵牺牲。

19 日　苏北涟水县佃湖日军 500 余人分三路进犯阜宁县西北单家港。新四军第 3 师第 8 旅第 22 团英勇抗击，激战四小时。

23 日　陈毅抵达淮北第 4 师视察工作。

25 日　新四军第 3 师第 8 旅主力一部攻克苏北阜宁地区日伪中心据点陈集。

29 日　新四军第 1 师第 1 旅第 1 团、第 6 师第 18 旅第 52 团挺进淮安、宝应之间的曹甸、车桥、凤谷村等敌占区，先后攻克西安丰、林溪、蒋桥、南沙头等日伪据点，在凤谷村与第 3 师部队会合，控制了曹甸一带战略枢纽地区。

浙东三北游击司令部淞沪第五支队一部，奇袭苏南奉贤县钱家桥日军据点。

30 日　　新四军第 3 师第 8 旅主力一部攻克苏北阜宁县东北八滩日伪军据点。

本月　　新四军第 7 师兼皖江军区，傅秋涛兼任代司令员，曾希圣兼任政治委员。与此同时，实现主力地方化，撤销第 19 旅，全师整编为三个支队及一个独立团。

新四军第 5 师恢复第 15 旅建制，吴林焕任旅长，方正平任政治委员，下辖第 39、第 44、第 45 团。

新四军第 5 师召开营以上干部军事工作会议，总结了建师以来的军事斗争经验，讨论了新形势下的军事建设问题。

新四军第 7 师军工部（对外称生产部）在皖中无为县成立，张昌龙任主任。

新四军鄂豫边区汉阳自卫队袭击武汉近郊黄陵矶日军据点，全歼日军警备队。

苏南日伪军先后开始对金（坛）丹（阳）武（进）、茅（山）东，太（湖）滆（湖）等地区进行"清乡"。新四军第 6 师第 16 旅和当地军民，以政治攻势与军事打击相结合，公开斗争与隐蔽斗争相结合的方法，顽强地展开反"清乡"斗争。

4 月

1 日　　新四军第 3 师第 7 旅第 21 团一部，袭击苏北建阳县（今建湖县）高作镇日伪据点。

8 日　　新四军苏北军区淮海军分区第一支队主力攻克涟水县高沟镇以南之连五庄伪军据点。

10 日　　日军第 60 师团菊池联队等部共 1.5 万余人，对新四军苏中第四军分区发起"军事清乡"。第四军分区党、政、军、民内线外线密切配合，展开反"清乡"斗争。

20 日　新四军第 6 师第 16 旅发布《为呼吁团结抗战公布友军"清剿"真相告江南同胞及友军官兵书》。

22 日　抗日军政大学第九分校北渡长江，前往淮南龙岗地区。

24 日　新四军第 4 师主力一部攻克苏北泗阳县洋河镇。

29 日　新四军第 2 师在淮南新铺召开高级干部会议，历时 6 天。会上，谭震林作了《关于开展淮南党的整风运动的报告》，要求在深入整风开始时，广泛开展以反对个人主义为中心的反不良倾向运动。新四军代政委饶漱石参加会议并作报告。

30 日　皖中日伪军 2000 余人"扫荡"巢（县）无（为）抗日根据地中心区严家桥地区。新四军第 7 师沿江支队展开反"扫荡"作战，收复槐林镇、高林桥等地。

5 月

8 日　新四军第 6 师第 16 旅第 17 团攻克苏南镇江县包巷（今属镇江市丹徒区）日伪军据点。

　　　新四军第 6 师第 16 旅独立第 2 团于苏南宜兴县李山地区设伏，击毙日军小队长以下 20 余人。

14 日　第 15 旅全部挺进襄南敌后，创建以洪湖为中心的抗日根据地。

16 日　第 3 师第 10 旅兼淮海军分区部队发起塘沟战斗。

17 日　中共中央决定郑位三任鄂豫边区党委书记兼新四军第 5 师政治委员。

23 日　新四军第 3 师兼苏北军区发动军民开展以保卫夏收为中心的反伪化、反蚕食斗争。

27 日　新四军鄂豫边区云梦县大队一度攻入云梦县城。

湖北伪军金亦吾部特务团长李正乾率部800余人于潜江城附近反正，编为新四军鄂豫边区第三军分区第一纵队。李正乾任司令员，徐达三任政治委员。

本月 新四军第4师主力一部与淮北地方武装、民兵密切配合，展开反蚕食、反伪化斗争，先后在泗（阳）宿（迁）、淮（阴）泗（阳）、邳（县）睢（宁）铜（山）地区，拔除了罗圩、黄圩、顺河集等日伪据点26个，恢复与开辟了13个区79个乡的游击区，基本上遏止了日伪的蚕食、伪化活动，稳定了边缘区的形势。

6月

上旬 日伪军对新四军苏中第四军分区开始"政治清乡"，强化保甲制度，搞所谓"维持政权"。第四军分区军民以武装斗争为主，广泛发动群众，反对清查户口编组保甲，镇压伪保甲人员，展开政治攻势，主力部队则大规模袭击据点，破坏封锁篱笆。至8月底止，终于粉碎了日伪的"政治清乡"。

中旬 新四军鄂豫边区第四、第五军分区合并为第四军分区，张体学任司令员，刘西尧兼政治委员，下辖黄冈、鄂南、鄂皖边三个指挥部。

7月

1日 新四军苏中军区第四、第三军分区部队掩护"清乡"边缘区群众数万人，在东起南坎、西至丁堰、南至天生港150余公里的封锁线上展开破击战，一夜间将日伪苦心经营了三个月的封锁篱笆彻底破坏。

15 日　新四军首长发布《告全体将士书》，号召全军将士坚持团结，坚持抗战，全军开始进行时事政策教育。

中旬　中共苏中第四地委在如皋县刘家园召开县委书记联席会议，姬鹏飞作了《三个月反"清乡"初步总结，今后形势发展与我们的任务》的报告。

本月　中共苏中区委员会发出《关于今后反"扫荡"的指示》，要求把反"扫荡"变为经常性工作。并指出反"扫荡"斗争应以群众性的游击战为主，充分发挥民兵的积极作用，加强锄奸工作，防备敌人随时包围、奔袭各级党政军机关。

　　　新四军第5师第15旅第45团在湖北省洪湖地区黄蓬山附近截击日伪军船队，击毙日军两人，俘日军两人、伪军十余人。

8 月

5 日　新四军苏中军区第二军分区台北独立团，在苏中东台县殷家灶设伏。

10 日　中共中央华中局发出关于加强整风工作的指示，要求各区党委、各师在今后两年内完成整风和审查干部工作。

14 日　日军第61师团1个大队及伪军共700余人，"扫荡"淮南津浦路东八百桥、雷官集地区。新四军第2师第5旅第13团展开反"扫荡"，于六合县桂子山地区毙伤日伪军180余人，俘日军5人。

15 日　新四军苏中军区第四军分区军民对"清乡"区日伪军发动政治攻势。广大民兵、群众在主力部队掩护下，在据点附近摆宣传阵，向日伪人员写警告书、劝告信，颁布"清乡"人员自首条例等。

中旬　新四军第1师第3旅一部在苏中如皋县东南李家桥与白蒲出扰之敌遭遇，经白刃格斗，毙伤日军20余人，俘日军士兵久保一男。

21日　日伪军8000余人"扫荡"苏中东台、如皋、泰州、泰兴地区，历时十天，被苏中地区军民粉碎。

本月　新四军苏中军区第二军分区主力和地方武装袭击日伪军据点汤家舍（今属大丰县）。

9 月

14日　新四军第6师第16旅第48团在苏南句容县尚村设伏，全歼日军一个小队。

15日　中共中央军委任命新四军第2师第6旅旅长谭希林为新四军第7师代理师长。10月，谭希林率第16团抵达皖江地区。第16团编入第7师建制，改番号为巢湖大队，第6旅番号撤销。

16日　新四军第3师第7旅、第10旅在苏北泗阳县北马圩、王楼、江圩等地击退了日伪军的进攻，毙伤日军30余人、伪军100余人，俘伪军团长赵坤以下210余人。

本月　新四军第4师军工部在淮北泗阳县（今江苏省）勒东村成立，李仲麟任副部长。

新四军第6师第16旅一部挺进敌后，积极作战，牵制敌人，恢复了溧阳、溧水抗日根据地，并于11月初开辟了皖南郎（溪）广（德）抗日游击根据地。

10 月

上旬　苏北伪军开始实行所谓"治安肃正"计划，在淮阴、淮安、涟水、响水口、盐城等地，增设据点，修筑公路，推行伪化统治。新四军第 3 师和当地军民展开反"治安肃正"的斗争。

13 日 湖北省公安县民兵 13 人奇袭出扰之敌，击毙日军 17 人，成立了公安游击队。

19 日 新四军第 3 师第 7 旅第 19 团强袭苏北涟水县北林桥日伪军据点。

21 日 新四军第 1 师第 3 旅主力一部和如皋地方武装，向如（皋）东马塘、丰利、栟茶、李堡一线伪军第 35 师发起进攻。

11 月

7 日 郑位三作为中共中央华中局代表到达鄂豫边区，参加新四军第 5 师领导工作。

12 日 中共鄂豫边区委员会和新四军第 5 师召开直属部队机关学校干部大会，李先念在会上作了整风、生产、精兵简政的动员报告。

18 日 鄂豫边区党委发出关于开展整风运动的指示，要求边区全党抓紧目前相对稳定的局面，立即全面开展整风运动。

22 日 新四军第 6 师第 16 旅发起溧（水）高（淳）战役，先后攻克新桥、邰村、漆桥等日伪军据点。

25 日 陈毅代军长由淮南黄花塘启程前往延安参加整风学习和筹备党的七大工作。1944 年 1 月 13 日新四军军部通知各师，陈毅代军长职务由张云逸代理。

中共中央华中局发出《关于整理和提高民兵及自卫军工作的指示》，部署凡在中心区一般应强调建立和整理自卫军，以形成全民武装，农村军事化，党员军事化，以便坚持反"扫荡"、反摩擦和推动抗日民主斗争之热潮，边区或敌"扫荡"频繁的游击区，应强调整理现有民兵，并适当扩大之。

28 日　新四军第 5 师江南挺进支队渡江南下，向鄂南石首与湘北岳阳、华容之间桃花山地区挺进，开辟抗日游击根据地。

29 日　新四军苏中军区第四军分区南通警卫团在南通县石港镇附近，伏击日军"机动清剿队"。

本月　新四军淮北军区第四军分区成立，张太生任司令员兼政治委员。

12 月

2 日　《苏中报》创刊，粟裕兼任报社社长（1946 年 1 月改由苏中军区政治部主办）。

17 日　新四军第 3 师第 7 旅第 19 团在苏北淮安县钦工地区设伏，毙伤日军大队长山泽以下 30 余人。

21 日　浙东三北游击司令部组成金（华）萧（山）支队，向浙赣路两侧敌后地区挺进。

22 日　新四军军部发布命令，将三北游击司令部及其所属部队正式改编为新四军浙东游击纵队，何克希为司令员，谭启龙为政治委员。

本月　新四军军部上报 1943 年底实力：军直 2567 人，第 1 师 16036 人，第 2 师 17537 人，第 3 师 25576 人，第 4 师 16518 人，第 5 师 24766 人，第 6 师 5015 人，第 7 师 8477 人，浙东游击纵队 3632 人，全军共 120124 人。地方武装人数为：苏中军区 3430 人，淮南军区 5629 人，苏北军区 7847 人，淮北军区 4334 人，鄂豫边区 13786 人，皖江军区 1526 人，浙东区 883 人，共 37435 人。

新四军卫生部成立军医学校，由美国哈佛大学医学博士江上峰任校长，官乃泉主持教学工作。

新四军苏中第四军分区发表战绩统计：9 个月反"清乡"斗争中，共作战 2100 余次，毙伤日军 609 人，俘日军 5 人、伪军 1705 人，争取伪军投诚 1700 余人，镇压汉奸、特务、密探 1465 人，严重地挫败了日伪"清乡"计划。

1944 年

1 月

2 日　日伪军 4000 余人"扫荡"苏南句容县东南地区。新四军第 6 师第 16 旅和地方武装开展反"扫荡"，历时 12 天，毙伤日伪军 230 余人，俘 108 人。

5 日　新四军第 1 师主力一部和苏中地方武装，在高邮、兴化、宝应、东台和泰州、泰兴、如皋地区，对日伪军进行连续作战，历时 12 天，先后攻克大官庄、王家营、西团、安丰、古溪等据点 17 处。

　　　伪军第 34 师副师长兼第 135 团团长施亚夫（中共党员）率一个营，在如（皋）西加力镇反正，参加新四军。

12 日　华中局致电鄂豫边区党委：根据中共中央决定，郑位三任鄂豫边区党委书记兼新四军第 5 师政治委员。

24 日　新四军苏中军区第一军分区东南警卫团，袭击海门县三厂日军搜索队，击毙日军分队长以下 8 人。

28 日　新四军淮南军区路东军分区来六支队，攻克皖东来安县以西伪军据点雷官集。

3 月

5 日
至
13 日
新四军第 1 师副师长叶飞率 5 个团在第 3 师的配合下，采取攻坚打援的战法，发动车桥战役。第 7 团激战一昼夜，攻克车桥镇。第 1 团及泰州独立团一部，在第 52 团等部策应下，于车桥以西芦家滩对由淮安出动增援之日军山泽大队以歼灭性打击。战后，日伪军仓皇撤出曹甸、泾口、鲁家庄等重要据点 12 处，我军乘胜控制了淮安、宝应以东全部地区。在进攻车桥战斗中，日本人反战同盟苏中支部宣传委员松野觉参加火线喊话，英勇牺牲。

9 日　新四军代军长陈毅、政治委员刘少奇从延安来电，嘉奖第 1 师车桥战役参战部队，指出："车桥之役，连战皆捷，斩获奇巨，发挥了我第 1 师历来英勇果敢的作战精神，首创了华中生俘日寇之新纪录。"

上旬　新四军第 3 师兼苏北军区部队先后攻克上集、徐溜、钱集等日伪据点五处，控制了沭阳、淮阴公路一段，粉碎了日伪的"治安肃正"计划。

16 日　新四军淮北军区以主力军、地方军和广大民兵密切配合，对东起运河、西至津浦路广大地区守备薄弱的日伪据点展开进攻，历时 50 天，先后攻克大店集、归仁集、灰古集、老韩圩等据点 51 处。

19 日　湖北省伪和平建国军第一支队近千人，在中共地下党员潘哲夫率领下，于江陵县弥陀市反正，参加新四军第 5 师抗日。

29 日　新四军第 6 师第 16 旅在皖南广德以北杭村地区，伏击"扫荡"之敌。

本月　中美混合航空队第二大队国民革命军空军飞行员辛仲连，在对日军空战中座机受创，跳伞降落于皖中无为县泥汊江面，经新四军第 7 师部队援救脱险，治愈腿伤后，护送到桐城县政府。

新四军浙东游击纵队《战斗报》创刊。

4 月

3 日　中共中央华中局和新四军军部在淮南盱眙县黄花塘召开旅以上和军部科长以上干部参加的整风防奸会议，历时 18 天。

19 日　新四军第 3 师对苏北涟水县以北日伪军发动攻势，历时 16 天，先后攻克高沟、杨口等据点 14 处，收复六塘河两岸地区，使淮海、盐阜区连成一片。

5 月

6 日　新四军第 5 师部队在湖北省监利县周老嘴附近营救出美国空军飞行员叶里格拉。

17 日　新四军苏中军区第二军分区部队，在台（东台）北七灶河击沉日军汽艇一艘，击毙伪屯垦总署副署长孙建言，生俘日本棉业统制委员会东台科长清水亥三郎、日军东台特务机关负责人浦和、伪东台县长吕金颜等 19 人。

18 日　中共苏中区委员会发出《关于当前反"清乡"决定》。

19 日　新四军苏中军区主力一部和第四军分区武装、民兵，

向"清乡"区日伪发动进攻，历时四天，先后攻克童
家甸、竖河镇、八厂、袁家河头、海晏镇等日伪据点
28 处，歼灭日伪军近千人。

20 日　新四军政治部发出《关于荣誉军人处理的指示》。

23 日　新四军第 5 师在鄂中黄陂县龙王山进行反"扫荡"。

28 日　日军第 61 师团一部及伪军共 1500 余人，"扫荡"淮南
津浦路西定远、藕塘地区。新四军第 2 师展开反"扫
荡"，历时七天，毙伤日伪军 100 余人。

▲苏中部队反"扫荡"期间在行军途中

6 月

7 日　新四军浙东游击纵队一部袭击镇海附近洪桥镇日伪军
据点，生俘日军少佐军事顾问吉永久寿秀和伪军舟山
警备司令部上校总队长卫文达等校尉官 11 人、伪军士
兵 28 人。

上旬　驻南通日军炮兵丰川秀雄、林正泰携枪逃出南通城，
向新四军苏中军区第四军分区部队投诚。

23 日　新四军第1师第3旅第7团在苏中如东县海河滩与日伪军遭遇，血战三小时。

26 日　新四军第1师第3旅主力在3000多民兵配合下进攻苏中掘港（今如东县）以东日伪据点南坎镇。

27 日　新四军苏中军区海防部队在吕四港、环港以东海面，俘获敌运输艇二艘，毙日军三人，俘日军六人。

29 日　新四军第3师第7旅和盐阜区地方武装，攻克射阳县大兴镇（今属滨海县）合顺昌公司等日伪据点。

本月　新四军苏中军区南通、海门、如皋等县地方武装及民兵、群众5万余人，在日伪"清乡"区内发动破击战，历时20余天，共破坏公路700余公里，炸毁桥梁50余座，削弱了日伪军的机动能力，有力地配合了主力部队作战。

7 月

5 日　新四军第4师第9、第11旅和淮北军区部队，对泗县以北伪军据点张楼发起进攻，激战七天，俘伪淮海省"剿匪"支队第六总队530余人，并歼增援伪军一个总队、日军一部，俘日军五人。

10 日　中共中央致电鄂豫边区党委，同意在一段时间执行以巩固原有地区为主，以进军河南、湘鄂赣为辅的方针；并指出，新四军第5师应相机沿平汉铁路两侧向北推进，以求和八路军打通联系。

25 日　中共中央致电华中局，新四军第5师抽七个连沿平汉铁路向河南发展。
中共中央发出关于发展河南敌后工作的指示，规定了八路军、新四军进入河南敌后的各项政策。

29 日　新四军第 5 师以原在豫南活动的淮南支队、信应独立第
　　　25 团和第 13 旅第 38 团等各一部共 1000 余人，组成豫
　　　南游击兵团，黄林为指挥长，向豫南敌后挺进。

30 日　伪军第 34 师第 133 团第 1 营营长郭达材率全营官兵 200
　　　余人反正，参加新四军苏北民抗军通如纵队。

8 月

8 日　中共中央华中局决定，调任刘先胜为新四军第 1 师参
　　　谋长。

14 日　驻华美军总部派遣情报参谋、炮兵少校欧高士，作为
　　　驻华空军第 14 航空队司令陈纳德的正式代表，到达
　　　鄂中大悟山，与新四军第 5 师商讨对日军事情报的协
　　　作事宜。

20 日　美国驻华空军 B29 重轰炸机一架，轰炸日本本土时受
　　　重创，返航途中，坠落在苏北建阳县（今建湖县）湖
　　　垛镇日伪军据点附近，机组人员一部分遇难，飞行大
　　　队长赛伏爱少校等五人幸存。湖垛据点日伪军倾巢出
　　　动，搜捕机组人员。新四军盐阜独立团和建阳县大队
　　　闻讯赶至坠机地点，在当地民兵、群众配合下，以牺
　　　牲战士四人的代价，奋力援救美军赛伏爱少校等五人
　　　脱险。

22 日　新四军淞沪支队在苏南南祀县（今属上海市）朱家店
　　　伏击周浦出扰之敌，击毙日军 34 人。

23 日　新四军第 6 师第 16 旅主力一部发起浙西长兴战役，
　　　历时三天，先后攻克长兴外围据点 13 处，并一度攻
　　　入长兴县城。共歼灭伪军第 1 师四个营，迫使伪军一
　　　个连投降。

25 日　新四军浙东游击纵队海防大队第一中队在岱山以西大鱼岛，英勇抗击日军海军陆战队。

下旬　新四军第4师西进部队挺进萧县、宿县、永城地区，粉碎了日伪军2000余人的"扫荡"后，连克黄庄、菊集、马庄等敌据点，迅速恢复了萧（县）永（城）宿（县）抗日根据地。

9 月

5 日　中共中央任命洪学智为新四军第3师参谋长。

9 日　新四军第3师第10旅和淮海军分区部队，攻克苏北宿迁县东南日伪据点林宫（今属泗阳县）。

12 日　新四军第1师第3旅主力和苏中第四军分区部队、民兵，对日伪展开大规模进攻，历时45天，收复日伪据点62个，基本上恢复了日伪在"清乡"中侵占的地区。

13 日　中共中央任命张爱萍为新四军第4师师长，韦国清为副师长，张震为参谋长。并令韦国清迅速赴津浦路西统一指挥部队作战。

21 日　新四军军部召开全军兵工生产会议，历时七天。会议听取了各师军工生产情况的报告，赖传珠作了兵工生产总结报告，邓逸凡作了政治工作及工会工作报告，并向先进单位颁发奖旗。

27 日　中共中央致电华中局，指出，为了准备反攻，造成配合盟军的条件，对苏浙皖地区工作应有新发展的部署，特别是浙江工作，应视为主要发展方向。并指出华中在西进发展河南、南下发展东南的两大任务中，应以南下为主。一切工作应首先着眼于南下任务的完成。

下旬　徐州日伪军步骑兵 1000 余人"扫荡"萧（县）永（城）地区，被新四军第 4 师西进部队和萧（县）永（城）地方武装、民兵粉碎。

10 月

1 日　延安《解放日报》发表社论《新四军的胜利出击与中国的救国事业》，指出，新四军的节节胜利，对于半年来正面战场的国民革命军队的节节溃败，是个鲜明的对照。

9 日　中共中央华中局依据中央指示，确定了发展苏浙皖地区的方针五部署，提出：浙东部队应向天台、临海以南发展，与坚持浙南的龙跃打通联系；苏南部队除巩固现有地区外，工作中心应放在太湖西南岸，沿京（南京）杭（州）国道伸向天目山周围，以便越过钱塘江与浙东打通联系，造成连接苏浙的战略形势。

10 日　"联抗"司令部在完成历史使命后撤销。所属第 1 团改为苏中军区特务第 5 团，第 2 团改为紫石县（今海安县）独立团。

上旬　美国驻华空军 B29 重轰炸机一架，在执行对日作战任务时负伤，坠落在津浦铁路嘉山站以南的管店附近。嘉山县民兵将五名机组人员营救脱险后，安全护送到新四军军部。

15 日　新四军军部电令第 4 师和第 3 师第 7 旅组成路西战役野战司令部，以韦国清为司令员，彭明治为副司令员，张震为参谋长，吴芝圃为政治部主任，统一指挥淮北津浦路西各部队作战行动。

19 日 中共中央军委决定，将新四军第 5 师活动地区划为湘鄂豫皖军区，第 5 师首长兼任军区首长。

19 日 新四军第 3 师第 8 旅第 24、第 22 团等部攻克苏北日伪
至 20 日 屯垦区棉花出口重镇合德镇（今射阳县）。

23 日 新四军第 6 师第 16 旅和苏南地方武装向溧阳以西周村日伪军展开进攻，连克周城、南渡、社渚等据点解放了溧阳以南地区。

11 月

1 日 中共中央发出关于巩固涡北打通与水来联系的指示，要求新四军第 4 师西进部队抓住有利时机，迅速巩固涡河以北阵地，打通与睢（县）杞（县）太（康）地区（即水东）的联系。

7 日 新四军浙东游击纵队第一届军政大会向中共中央致电。24 日，毛泽东复电鼓励新四军浙东游击纵队努力杀敌，发展武装部队，扩大解放区，改善解放区军民生活，准备配合盟军驱逐日寇。

8 日 新四军河南挺进兵团一部，在豫西舞阳县辛集附近与日军遭遇，激战五小时，毙日军 20 人。

9 日 八路军第 359 旅 4000 余人组成独立第一支队（亦称南下支队），由王震、王首道率领，从延安出发南下。

10 日 日军第 61 师团和伪军各一部共 7000 余人，分七路"扫荡"淮南津浦路西抗日根据地中心区，历时七天，被新四军第 2 师粉碎。

17 日 新四军召开全军卫生工作会议，历时九天。参谋长赖传珠作总结报告。

19 日 新四军苏中军区第五军分区部队，攻克扬中县老郎街、

油坊桥、八字桥、兴隆镇等日伪据点八处，共毙日军警备队长寺田贞一以下20余人、伪军30余人，俘日军小队长1人、伪军200余人。

20 日 中共中央华中局和新四军军部确定了南下部署：第1师抽调三个主力团组成第一批南下部队，会同已在江南的第16旅，采取逐步发展、逐步巩固的方针，首先打开苏南、浙西局面，再与浙东打通联系，控制全浙江，然后相机向南发展；第2师巩固淮南津浦路西阵地；第7师进一步发展皖南根据地，贯通与苏南部队的联系；苏中区恢复与扩大镇（江）丹（阳）武（进）、苏（州）常（熟）太（仓）两地区的斗争局面，保证大江南北的交通联系；浙南游击队在瓯江以北开展敌后游击战争；福建游击队向福州沿海敌后发展。

25 日 新四军湘鄂豫皖军区将第三军分区划分为第三、第五军分区。第三军分区由吴世安任司令员，方正平任政治委员；第五军分区由吴林焕任司令员，郑绍文任政治委员。

新四军第7师沿江支队在皖中巢湖地区粉碎日伪军3000余人"扫荡"，毙伤日伪军30余人。

本月 中共豫南工委扩大为河南工委，新四军第5师豫南游击兵团改为河南挺进兵团，黄林任司令员，任质斌兼任工委书记和兵团政治委员。

12 月

3 日 新四军第3师第8、第10旅与淮海地方武装、民兵密切配合，展开反"扫荡"，阻击伪第二方面军孙良诚部南下。

9 日 中共中央华中局和新四军军部批准淮北地区设三个地委、三个专署和三个军分区：原路东第一、第二军分区合并为第一军分区，张震球任司令员，康志强任政治委员；路西新区为第二军分区，张震兼任司令员，姚运良任副司令员，吴芝圃任政治委员；原路东第三、第四军分区合并为第一军分区，赵汇川任司令员，张太生任政治委员。

15 日 新四军第 6 师第 16 旅攻克苏浙皖边宣（城）长（兴）公路间日伪重要据点泗安镇。

中旬 新四军第 7 师皖南支队南渡长江，与铜陵、繁昌、泾县、旌德、绩溪、歙县等地游击队取得联系，开展游击战争，并开辟了青弋江以西芜湖、贵池之间游击根据地，发展了东流、至德及彭泽以东抗日游击区。

22 日 新四军淮南军区路东军分区来六支队在六合城北羊山头地区伏击日伪军。战后荣获新四军军部通令嘉奖。

26 日 刘少奇、陈毅从延安致电张云逸、饶漱石、赖传珠，指出：新四军的任务是在江南大发展，以便在战略反攻时配合盟军登陆，"破敌、收京、入沪"。
　　　与此同时，刘先胜、陶勇率特务第 1 团、特务第 4 团，由扬州、泰州之间渡江，经丹（阳）北穿越沪宁路，先后到达浙西长兴地区。

30 日 新四军军部决定将苏中军区第 1 团、特务第 2、第 3 团编成教导旅，廖政国任旅长。

下旬 新四军第 1 师副师长叶飞兼任中共苏中区委员会书记。12 月下旬，欧高士率美军第 14 航空队情报组，正式到大悟山工作。1945 年 6 月结束工作，离开第 5 师驻地。

本月 新四军第 2 师恢复第 6 旅建制，并兼津清路西军分区，陈庆先任旅长和军分区司令员，黄岩任政治委员。

叶飞接任中共苏中区委员会书记、新四军第1师师长和苏中军区司令员。

1945 年

1 月

2 日　美国驻华空军少校瓦特在执行作战任务时座机中弹，迫降于皖北宿县东南之白庙村附近，经新四军第4师部队援救脱险。

6 日　新四军第1师师长粟裕率第3旅第7团和地方干部300余人，由仪征地区渡江，越过沪宁铁路，于1945年1月6日进抵浙江长兴县仰峰岕，与第16旅会合。

11 日　苏中东台县滨海区民兵，在渔仓海边缴获日军救护船1艘，俘32人。

13 日　新四军转发中共中央军委关于成立苏浙军区的电令，任命粟裕为司令员，谭震林为政治委员（未到职），刘先胜为参谋长，统一指挥苏南、浙东部队。

18 日　新四军第4师一部为打通与水东（睢县、杞县、太康地区）的联系，向商（丘）亳（县）公路沿线发展。

19 日　南京日军童山部队朝鲜籍士兵金海钟等六人，偷渡长江，向六合县民主政府投诚。

中旬　王震、王首道率领南下支队进抵河南省确山县孤山冲，与新四军第5师河南挺进兵团会合。

21 日　美国驻华空军第14航空队中尉托勒特，从江西遂川驾机空袭上海日军时，座机中弹坠落在上海近郊龙华嘴。

托勒特面部和四肢烧伤，经新四军淞沪支队及当地群众营救脱险，于 3 月 22 日被安全护送到浙江省新昌县美军办事处。

27 日　八路军南下支队及中共中央派出的两个干部大队 900 余人，同时到达鄂东大悟山地区，与新四军第 5 师领导机关会师。

2 月

5 日　新四军苏浙军区在浙西长兴县温塘村召开成立大会。所属部队整编为三个纵队两个军分区：第 16 旅改为第一纵队，王必成任司令员，江渭清任政治委员；浙东游击纵队改为第二纵队，何克希任司令员，谭启龙任政治委员；第 3 旅改为第三纵队，陶勇任司令员，阮英平任政治委员；以茅山地区为第一军分区，钟国楚任司令员，陈光任政治委员；以太滆地区为第二军分区，杨洪才任副司令员，陈立平任政治委员。

12 日　新四军第 3 师第 10 旅主力，在苏北淮阴、涟水、沭阳等县地方武装配合下，先后攻克叶圩子、王圩、周庙、耿团庄和渔沟等日伪军据点。

14 日　日军山本旅团主力 1000 余人及伪军一部，由扬州向高邮湖西岸进犯。新四军第 2 师和地方武装展开反击，历时两个多月。

19 日　八路军南下支队和新四军第 40、第 41 团从黄冈、下巴河间和蕲春、田家镇之间，分两路先后渡过长江，进入鄂城、大冶、阳新地区。

22 日　新四军苏浙军区苏浙公学在浙西长兴县槐坎台基村成立，粟裕兼任校长，江渭清、骆耕漠任副校长。

26 日　八路军南下支队和新四军第 5 师第 40、第 41 团，在鄂南大田畈地区击退日伪军 1300 余人的尾追，歼日军 300 余人、伪军 200 余人。

28 日　中共中央华中局和新四军军部由淮南盱眙县（今属江苏省）黄花塘移至葛家港西南之千棵柳。

3 月

1 日　新四军苏中军区第四军分区南通警卫团在苏中如东县海滩上击毁因故障迫降的日军飞机一架，击毙日军少佐中野以下十余人，俘少将卯钥以下三人。

上旬　苏南溧阳县西岗区民兵缴获因故障迫降的日军飞机一架，生俘飞行员远藤中尉。

26 日　新四军第 5 师第 13 旅和河南挺进兵团各一部，攻克豫中舞阳之尹集。

28 日　中共中央华中局决定，以陈丕显、管文蔚、姬鹏飞组成苏中区党委常委，陈丕显为书记；苏中军区以管文蔚为司令员，陈丕显为政治委员，张藩为副司令员兼参谋长，姬鹏飞为副政治委员兼政治部主任。

本月　新四军苏浙军区《苏浙日报》创刊（由原《苏南报》改刊）。

4 月

4 日　新四军第 3 师独立旅在苏北泗阳县里仁集成立：独立旅由苏北军区淮海军分区第二、第三支队组成，覃健任旅长，冯志湘任副旅长，石瑛任政治部主任。

5 日　中共中央华中局决定，苏南区党委以吴仲超任书记，陈光任副书记；苏南行政公署以吴仲超兼任主任，宋

日昌任副主任；浙西区党委以金明任书记；浙西行政
公署以朱克靖任主任。

新四军决定成立路西战役指挥部，谭震林为指挥，彭
明治为副指挥，统一指挥淮南津浦路西第2师、第7师
及第7旅，独立旅等部队。

15 日 新四军第4师主力一部和淮北津浦路东地方武装、民
兵，对日伪军展开春季攻势，历时一个月，先后攻克
泗阳县城及大店、虞姬墓、卓圩子、卓海子、邱集等
据点21处。

17 日 新四军苏浙军区第三纵队副司令员彭德清率第八支队
及独立第2团、军区特务团等部，向德清、吴兴以东敌
后挺进，历时20余天，先后攻克商墓、双林、菱湖等
市镇十余处，开辟了杭（州）嘉（兴）湖（州）
新区。

中旬 新四军第5师第40团及鄂南地方武装配合八路军南下
支队，攻克岳阳东南的杨林铺、大叉湖、毛家铺等日
伪军据点。

22 日 中共中央华中局决定，以黄克诚、向明、李一氓为苏
北区党委常委，黄克诚为书记。

23 日 新四军第1师进抵浙西孝丰以东白水湾与苏浙军区会
合。叶飞任苏浙军区副司令员，教导旅改称第四纵队，
廖政国任司令员，韦一平任政治委员。

28 日 新四军第18旅兼苏中军区第一军分区，以第52团、特
务5团、江都县独立团和军分区特务营在高邮以东三
垛、河口之间设伏，全歼伪军第五集团军独立团和日
军两个中队共1800余人。

本月 新四军第5师兵工厂扩大为兵工部，陈康白任部长。

5 月

2 日 新四军淞沪支队一部在苏南松江县（今属上海市）章全港设伏，击沉日军机帆船一艘，击毙日军小队长以下十一人。

12 日 苏北淮海区民兵在石门口击落日机一架，俘日军一人。

20 日 新四军苏浙军区第四纵队第十一支队和张翼翔等一批干部南渡富春江，在中埠与谭启龙率领的第二纵队金萧支队会师，打通了浙东与浙西的联系。

23 日 新四军湘鄂豫皖军区第一、第四军分区武装，在黄陂龙王山地区粉碎日伪军2000余人的"扫荡"。

本月 新四军湘鄂赣军区成立，王震任司令员，王首道任政治委员，下辖三个军分区。

本月初 新四军第3师独立旅进抵皖江地区，在十村庙与第7师会合。

6 月

12 日 美国驻华空军一架轰炸机在执行对日军轰炸任务时，负伤坠落于苏中海门县宋季镇附近，机组人员大部遇难，中尉驾驶员雷特蒙等三人，经新四军地方武装援救脱险。

新四军苏浙军区第二纵队一部，在浙西金华县城以东曹宅附近，伏击下乡抢粮之敌，全歼日军一个小队，俘日军两人。

16 日 新四军决定，第7师以沿江支队为基础，成立第19旅，林维先任旅长，黄火星任政治委员。

24 日 中共中央致电湘鄂赣边区临时党委，指出，我军的战略方针是在日寇占领区域实行分散的游击战争，建立与扩大解放区，缩小沦陷区。

25 日　淮南军区嘉山县总队在第 2 师学兵连、独立营配合下，发起黄龙岗战斗。经两天一夜激战，毙伤日伪军 30 余人，俘伪独立大队长等 80 多人。

7 月

11 日　中共中央决定，湘鄂赣边区临时党委改为鄂南地委，湘鄂赣军区改为鄂南军分区，张体学任地委书记兼军分区司令员；湘鄂赣行政公署改为第七专署，贺建华任专员。

下旬　新四军第 7 师第 19 旅攻克皖中巢县盛家桥伪军据点，并伏击增援之敌。

8 月

上旬　新四军第 5 师豫中兵团与河南军区陈先瑞支队合并成立豫中军分区，陈先瑞任司令员，栗在山任政治委员。

11 日　新四军政治部向各师政治部发布命令，命令各部应立即在下列口号下，用各种方式，深入进行动员：（一）伟大胜利的日子已经到了，我们要坚决勇敢地完成党所交给我们的一切光荣任务。（二）进占各城市，解放一切沦陷区，克服前进路上的一切阻碍。（三）解除敌伪武装，摧毁一切伪政权，如遇抗拒，就坚决消灭他。（四）坚决执行命令，服从统一指挥，严肃军纪，整饬军容。（五）严格执行优待俘虏政策，不枪杀虐待。（六）进入城市及新地区，要正确执行政策，保护各阶层人民利益，服从民主政府法令，安定社会秩序，保护私人企业，保护一切公私建筑物，不许损害群众一针一线，不许乱没收东西，严格实行公平买卖，尊重各地民情风俗。（七）帮助沦陷区人民武装起来，并建立民主政权。（八）不要让胜利冲昏头脑，防止骄傲，进一步加强内部团结，向兄弟部队虚心学习。

新四军向华中各地日军发出通牒，着令其立即停止一切抵抗，向就近新四军部队投降。

13 日　新四军第 4 师重建第 12 旅，饶子健任旅长，张太生任政治委员。同时增编了第 11 旅第 33 团。

15 日　日本共产党和日本人民解放联盟代表冈野进，通告日军指挥官及士兵向八路军、新四军投降。

朱德总司令向南京日本侵略军中国派遣军总司令官冈村宁次发出命令，命令其下令给所指挥下的一切部队（除被国民革命军所包围的部分外），停止一切军事行动，听候中国解放区八路军、新四军及华南抗日纵队的命令，向我方投降。在华东的日军，应由其直接派出代表至新四军军部所在地天长地区，接受陈毅将军的命令。

新四军发表告各界同胞书，颁布进占城市约法七章。

新四军第 2 师解放江苏省盱眙县城，俘伪军 400 余人，日军一部。

17 日　新四军皖江军区部队解放皖中无为县城，歼日军 30 余人，俘伪军 300 余人。

新四军苏浙军区第二纵队开始对浙东日伪军发动大反攻，接连攻克宁波近郊鄞江桥、西城桥及杭州湾南岸的周巷、浒山、观海卫、庵东等市镇 30 余处。

新四军苏中军区三天内组建 17 个步兵团，编成三个
旅：第 1 旅旅长陈玉生，政治委员李干辉；第 2 旅旅
长胡炳云，政治委员陈时夫；第 3 旅旅长张震东，政
治委员卢胜。

新四军淮南军区以津浦路东军分区及其地方武装组建
独立旅，旅长罗占云，政治委员李世焱。同时另建路
东军分区。

18 日　新四军第 3 师解放苏北宿迁县城。

新四军苏中军区部队解放扬中县城。

新四军第 7 师第 19 旅攻克皖中吉山、无为地区日伪重
要据点运漕镇。

新四军苏浙军区第二纵队淞沪支队攻克苏南南汇县
（今属上海市）李家桥伪军据点。

19 日　新四军苏浙军区部队解放苏南溧水、溧阳、金坛县城
及张渚、天王寺等重要集镇。

新四军苏浙军区部队解放浙西长兴县城。

新四军淮北军区部队解放皖东北泗县县城。

20 日　新四军淮南军区部队解放皖东天长县城和江苏省六合
县城。

中旬　新四军第 5 师和地方武装，对拒降日伪军展开进攻，历
时十余天，毙俘日伪军 3500 余人，解放中小城镇
12 处。

23 日　新四军苏中军区部队解放宝应县城。

新四军苏浙军区部队解放苏南句容县城和浙西安吉
县城。

25 日　新四军苏北军区部队解放沭阳县城和涟水县城。

新四军苏浙军区部队解放皖南郎溪县城。

26 日　中共中央任命陈毅为新四军军长、华中局副书记，饶漱石为新四军政治委员、华中局书记。

28 日　新四军苏浙军区部队解放苏南高淳县城和皖南广德县城。

29 日　新四军苏中军区部队解放苏中启东县城。

30 日　新四军政治部发出关于广泛开展部队民运工作的指示，要求各部队立即恢复民运工作制度，广泛开展民运工作。

新四军苏浙军区第二纵队淞沪支队解放苏南南汇县城。

本月　新四军淮南军区组建江南第一支队（又称南京支队），赵雨田任司令员，张登（沙文汉）任政治委员，渡江南下到达南京市郊龙潭、栖霞山。

9 月

1 日　新四军苏中军区部队解放东台县城和海门县城。

12 日　新四军苏浙军区第三纵队在苏南宜兴县洋溪渡口，伏击由苏州增援宜兴之敌，毙日军十余人，俘大尉以下30余人。14日解放宜兴县城。

新四军重要抗日战役战斗统计表

战役战斗名称	作战时间	作战地点	我方参战兵力	敌方参战兵力	作战结果
蒋河口战斗	1938 年 5 月 12 日	安徽省巢县	新四军第四支队第 9 团一部	日军第 6 师团坂井大队巢县守备队	歼日军坂井部 20 余人。我方无一伤亡
韦岗伏击战	1938 年 6 月 17 日	江苏省镇江西南	新四军先遣支队	日军野战重炮兵第 5 旅团 30 余人，汽车 5 辆	击毙日军步佐土井以下 13 人，伤日军 8 人，击毁汽车 4 辆，缴枪 20 余支。我方伤亡 5 人
竹子岗、孔家边伏击战	1938 年 6 月 28 日	江苏省镇江西南（今丹徒县境内）	新四军第一支队第 2 团一部	日军车队及援军 400 余人	毙伤日军 20 余人，俘日军特务机关经理官明弦政南，击毁汽车 6 辆
夜袭新丰车站	1938 年 7 月 1 日	江苏省丹阳县新丰火车站	新四军第一支队第 2 团第 1 营及八个乡的自卫团	日军一个小队	歼日军 40 余人

续表

战役战斗名称	作战时间	作战地点	我方参战兵力	敌方参战兵力	作战结果
当涂、芜湖战斗	1938 年 7 月 6 日	安徽省当涂、芜湖间	新四军第二支队第 3 团一部	日军军车一列	击毁日军军车一列，缴获大批军用品
新塘战斗	1938 年 7 月 10 日	容县新塘江苏省句镇附近	新四军第一支队第 2 团第 2 营	日军汽车 9 辆、步兵 100 余人	毙伤日军 40 余人，击毁汽车 2 辆。我方无一伤亡
夜袭句容城	1938 年 8 月 12 日至 13 日	江苏省句容县城	新四军第一支队第 2 团	驻句容日、伪军 150 余人	歼日军 40 余人。我方伤亡副政治指导员以下官兵 10 人
小丹阳反"扫荡"作战	1938 年 8 月 22 日至 26 日	江苏省江宁县	新四军第二支队、第一支队配合	沪宁线日军步骑兵 4500 余人，坦克、装甲车多辆，飞机配合	毙伤日军 50 余人，粉碎了日军的"扫荡"。我方无一伤亡
珥陵战斗	1938 年 8 月 23 日	江苏省丹阳县珥陵镇一带	新四军第一支队第 2 团第 3 营（欠 8 连）	日军约 100 余人	毙伤日军 49 人，俘日军 1 人
棋盘岭伏击战	1938 年 9 月 3 日	安徽省安庆、桐城之间	新四军第四支队特务营和第 7 团第 3 营	安庆日军运输车队载步兵 200 余人	击毙日军 70 余人，击毁汽车 50 余辆。我方亡 2 人

续表

战役战斗名称	作战时间	作战地点	我方参战兵力	敌方参战兵力	作战结果
花子岗伏击战	1938 年 9 月 12 日	安徽省舒城、合肥间公路	新四军第四支队第 7 团第 1 营	日军第 116 师团一部	击毁汽车 51 辆,击毙日军 80 余人,缴获步枪 24 支、轻机枪 1 挺、防毒面具 20 套
铁铺岭伏击战	1938 年 9 月 13 日	安徽省桐城县	新四军第四支队第 7 团一个连	安庆日军运输车队	击毙日军分队长以下 29 人,击毁汽车 2 辆,缴获长短枪 29 支。我方伤 1 人,亡 4 人
薛埠镇战斗	1938 年 9 月 20 日至 10 月 3 日	江苏省金坛县以西薛埠镇、天王寺一带	新四军第一支队第 2 团一部	日军第 15 师团一部	毙伤日军大尉中郎启和以下 126 人,俘 1 人。我方伤亡 20 余人
大官圩反"扫荡"战斗	1938 年 9 月下旬	安徽省当涂县	新四军第二支队第 4 团	日军第 15 师团一部	毙伤日军 60 余人
窦楼战斗	1938 年 10 月 27 日	河南省淮阳县	新四军游击支队	日军第 14 师团骑兵 100 余人	击毙日军林津少尉以下 10 余人。我方伤 10 人,牺牲排长 1 人

战役战斗名称	作战时间	作战地点	我方参战兵力	敌方参战兵力	作战结果
红杨树、马家园战斗	1938年10月30日至11月4日	安徽省南陵县东北	新四军第三支队第5团、第6团1个营	日军第15、116师团各一部共1000余人	毙伤日军300余人。我方伤亡32人，其中排长1人
第二次棋盘岭战斗	1938年11月中旬	安徽省桐城西南	新四军第四支队第7团第3营（欠一个连）	日军骑、步兵400余人，装甲车2辆，汽车100余辆	毙日军联队长以下官兵80余人，伤6人，毁装甲车2辆。我方亡排长1人、班长1人、战士1人，伤副排长以下6人
横山战斗	1939年1月8日	江苏省江宁县	新四军第二支队第3团	日军500余人及伪江浙绥靖军一部	毙伤日军50余人，俘获伪绥靖军70余人。我方伤7人，亡2人
水阳战斗	1939年1月17日	安徽省宣城县水阳附近	新四军第二支队第3团四个连	日军100余人	毙伤日军30余人
东湾战斗	1939年2月8日	江苏省溧水县天王寺	新四军第一支队第2团	日军第15师团池田联队150余人	击毙日军79人，伤日军32人。我方伤亡官兵60余人

续表

战役战斗名称	作战时间	作战地点	我方参战兵力	敌方参战兵力	作战结果
延陵战斗	1939年2月17日	江苏省丹阳县	新四军第一支队第2团	日军第15师团池田联队青木大队一个小队30余人，伪军60余人	击毙日军20余人，伤日军8人，俘日军1人，歼灭伪警察60余人
郭庄庙伏击战	1939年2月17日	江苏省句容县	新四军第二支队第4团	日军第15师团及伪军江浙绥靖军一部	击毙日军18人，全歼伪军一个中队
东山口战斗	1939年2月19日	安徽省巢县、柘皋、店埠之间	新四军第四支队第8团	日军第116师团1000余人	毙伤日军150余人。我方伤亡30余人
余家店战斗	1939年2月26日	湖北省应山县	新四军独立游击大队	日军100余人及伪军数十人	击毙日军20余人
上下会战斗	1939年3月7日	江苏省丹徒县	新四军第一支队第2团	日军第15师团第51联队2000余人，伪军3000余人	击毙日军官兵56人，伤43人。我方亡团政治处主任肖国生及官兵58人，伤官兵82人

战役战斗名称	作战时间	作战地点	我方参战兵力	敌方参战兵力	作战结果
云台山战斗	1939年3月26日	江苏省江宁县	新四军第二支队第3团第1营	日军400余人	击毙日军50余人。我方营长邱立生、副营长曹营春及官兵65人在突围中牺牲
公安寨伏击战	1939年3月31日	湖北省京山县	应城县抗敌自卫总队	日军100余人	击毙日军十余人，伤日军十余人
狸头桥战斗	1939年4月10日	安徽省宣城县	新四军第二支队第3、第4团各一部	日军1300余人	粉碎了日军三路进攻，击毙日军40余人，伤日军30余人。我方亡10人，伤15人
谢家垄战斗	1939年5月9日	安徽省铜陵、顺安之间	新四军第一支队第1团	日军运输车队70余人	毙伤日军62人。我方伤亡9人
铜繁反"扫荡"作战	1939年5月20日至23日	安徽省铜陵、繁昌地区	新四军第三支队第5团，第1团配合	日军第116师团松本联队1000余人	毙伤日军300余人，粉碎了日军的"扫荡"计划。我方伤亡官兵100余人
黄土塘战斗	1939年5月31日	江苏省江阴、无锡交界	新四军江南人民抗日义勇军第二路	日伪军200余人	毙伤日伪军30余人

续表

战役战斗名称	作战时间	作战地点	我方参战兵力	敌方参战兵力	作战结果
浒墅关战斗	1939年6月24日	江苏省吴县浒墅关车站	新四军江南人民抗日义勇军第二路	日军第17师团一部	全歼日军55人，伪军一个中队。我方伤亡十余人
怀远战斗	1939年6月24日至25日	安徽省怀远县城	新四军游击支队	日军独立第13旅团一部及增援伪军	击毙日军数十人，击溃伪军孙靖大队
常家坟伏击战	1939年6月26日	安徽省蚌埠以西	新四军游击支队一部	日军独立第13旅团一部	击毁日军汽艇1艘，击毙日军数十人
桃园战斗	1939年8月2日	江苏省睢宁县以西桃园地区	苏鲁豫支队一部	日军第21师团一部	毙伤日军100余人，俘日军2人
赵家棚战斗	1939年8月4日至7日	湖北省安陆县	新四军豫鄂独立游击支队挺进团一部	日伪军1000余人	毙伤日伪军100余人，粉碎了日伪军的"扫荡"
扬中战斗	1939年8月10日	江苏省扬中县老郎街	新四军第一支队第2团第1营	日机1架	击落日机1架，击毙飞行员2人。我方无一伤亡
朱堂店战斗	1939年8月14日	河南省罗山县	新四军豫鄂独立游击支队第2团队	日军一部400余人	粉碎日军进攻，毙伤日军80余人，缴获重机枪1挺、步枪20支、战马4匹和子弹一部

续表

战役战斗名称	作战时间	作战地点	我方参战兵力	敌方参战兵力	作战结果
陈巷桥战斗	1939 年 9 月 8 日晚	江苏省丹阳县	新四军第一支队第 2 团	西夏墅据点和奔牛镇、武进县城日军 200 余人, 汽车 7 辆	毙日军 180 余人, 毁汽车 7 辆, 缴获枪 20 余支。我方伤亡 30 人
渣泽车站战斗	1939 年 9 月 25 日	沪宁线渣泽车站	新四军挺进纵队第 2 营、新 6 团、丹阳独立支队	日伪军 100 余人	毙伤日伪军 100 人, 拆毁铁路一段, 迫使交通中断 1 天
龙潭、仓头间战斗	1939 年 10 月 4 日	沪宁铁路龙潭、仓头之间	新四军第二支队第 4 团	日军第 15 师团一部 130 余人	炸毁日军军车 1 列, 毙伤日军 118 人, 迫使沪宁铁路交通中断 3 天。我方伤 8 人
繁铜伏击战	1939 年 10 月	安徽省繁昌、铜陵之间	新四军第一支队第 1 团一部	日军一个分队	全歼日军一个分队
九里镇、贺甲村战斗	1939 年 11 月 8 日至 9 日	江苏省句容县贺甲村	新四军新 6 团、第 2 团	日军一个中队	击毙日军 168 人, 俘日军 3 人。我方伤亡 220 人

续表

战役战斗名称	作战时间	作战地点	我方参战兵力	敌方参战兵力	作战结果
第一次繁昌战斗	1939年11月8日	安徽省繁昌县城附近	新四军第三支队第5团和第6团第3营	日军第15师团步兵第60联队之川岛警备部队计步、骑兵500余人,附大小迫击炮4门、重机关枪7挺	毙日军50余人,缴获子弹500余发、毒瓦斯弹1个、烟幕弹1个、军旗2面及其他军用品一部分。我方伤24人,亡14人
第二次繁昌战斗	1939年11月14日	安徽省繁昌县汤口坝附近	新四军第5团和第6团第3营	日军石谷联队之西川大队步、骑兵1200余人	日军伤亡300余人,并击毙川岛指挥官,缴获步枪十余支、毒气筒、信号筒、浮水器及手榴弹甚多。我方伤44人,亡22人
第三次繁昌战斗	1939年11月21日至23日	安徽省繁昌县城附近	新四军新5团和第6团第3营	日军石谷联队及川岛警备队步、骑兵2000余人	日军伤亡100余人,缴获子弹100余发、钢盔1顶、腰剑1把、工作器具1把、旗3面。我方伤士兵9人,亡排长1人、士兵1人

续表

战役战斗名称	作战时间	作战地点	我方参战兵力	敌方参战兵力	作战结果
马家冲遭遇战	1939年12月5日	湖北省京山县	新四军豫鄂挺进纵队领导机关	日伪军1500余人，炮四门，飞机一架	毙伤日伪军70余人，突出重围。我方《七七报》主编季苍江牺牲
第四次繁昌战斗	1939年12月15日至16日	安徽省繁昌县城	新四军第三支队	驻芜湖之日军高品联队2700余人，携炮四门	日军伤亡300余人，缴获无线电机一架、军火一部
月塘集战斗	1939年12月18日	江苏省仪征县	新四军苏皖支队（原第二支队第4团）	日伪军800余人	毙伤日军30余人，伪军70余人
第五次繁昌战斗	1939年12月21日至22日	安徽省繁昌县积谷、大行冲、白马山等地	新四军第三支队	日军1200余人	毙伤日军100余人，缴获炮弹600余发。我方伤亡23人
周家岗反"扫荡"战斗	1939年12月21日至23日	安徽省全椒县津浦路西周家岗、复兴集地区	新四军第四支队第7、9、14团	日伪军2000余人	毙伤日伪军160余人，俘日军分队长1人，伪军4人。我方伤22人，亡10人
同兴店伏击战	1939年12月31日	湖北省孝感县、安陆县之间	新四军豫鄂独立游击队第2团队一部	日军骑兵300余人	毙伤日军100余人。我方伤亡50余人

续表

战役战斗名称	作战时间	作战地点	我方参战兵力	敌方参战兵力	作战结果
横山战斗	1940年1月29日	淮南津浦路东六合、天长县边境	新四军苏皖支队与第五支队第8团	日军第17师团、六合常备队各一部	粉碎日伪军合击，毙伤日军100余人，伪军200余人，俘日军2人
王浅子战斗	1940年3月17日	安徽省宿县王浅子一带	新四军第六支队第8团一部	日军第21师团一部	毙日军68人，伪军数十人，确保国民革命军第五十一军一部南渡（浍河）。我方第8团副团长及一个排牺牲
山城集反"扫荡"战斗	1940年4月1日	河南省永城县山城集地区	新四军第六支队第一、第三总队及萧县支队	日军第21师团2000余人，伪军1000余人	毙伤日伪军300余人。我方第一总队总队长鲁雨亭等指战员200余人牺牲
繁昌战斗	1940年4月24日至25日	安徽省繁昌县	新四军第三支队第5团第1营	日军第17师团步、骑、炮兵3500余人	日军伤亡40余人。我方伤亡2人
九郎庙战斗	1940年4月25日	安徽省繁昌县	新四军第三支队第5团第1营、第2营	日军步、骑、炮兵3000余人	日军伤亡100余人。我方伤亡2人
父子岭战斗	1940年4月26日	安徽省南陵县	新四军第三支队第1团第2营	日军池田联队之步、骑、炮兵2000余人	日军伤亡370人，缴获战马20余匹。我方伤亡84人

续表

战役战斗名称	作战时间	作战地点	我方参战兵力	敌方参战兵力	作战结果
何家湾战斗	1940 年 4 月 26 日	安徽省繁昌县	新四军第三支队第 3 团第 1、2 营及直属队	日军清水师团之生田、安达两部,有步、骑、炮兵 2000 余人	日军伤亡 300 余人,其中军官 3 人。我方伤亡 10 余人
铁门闩战斗	1940 年 5 月 3 日	安徽省繁昌至中分徐公路间	新四军第三支队第 5 团	日军步、骑兵 100 余人	毙伤日军 60 余人。我方伤亡 60 余人
来安战斗	1940 年 5 月 29 日	安徽省来安县	新四军第五支队	日军第 15 师团及伪军	歼灭日伪军 200 余人
赤山战斗	1940 年 6 月 1 日	江苏省江宁县、句容县边境赤山一带	新四军第二支队第 4 团第 3 营	日军第 15 师团步兵第 67 联队吉田中队 120 余人	毙伤日军中队长吉田以下 130 余人,俘日军 2 人
陈家镇伏击战	1940 年 7 月上旬	上海崇明县	崇明人民抗日自卫总队	日军车队	毙伤日军 26 人,炸翻击毁汽车各 1 辆
平坝三次保卫战	1940 年 7 月至 10 月	湖北省京山县平坝地区	新四军豫鄂挺进纵队平汉支队第 1、2、3 团	日军第 3 师团 1200 余人	毙伤日军 100 余人,联队长自杀。我方伤亡 30 余人,第 3 团政治委员王友德及随营军校大队长杨永秦牺牲

续表

战役战斗名称	作战时间	作战地点	我方参战兵力	敌方参战兵力	作战结果
津浦路东反"扫荡"作战	1940年9月5日至16日	安徽省天长县、来安县和江苏省六合县、盱眙县	新四军江北指挥部第四、第五支队共五个团,八路军第五纵队第二支队一个团	日军独立混成第12旅团,第13旅团和第15师团步兵第60联队7000余人,伪军3000余人	歼日伪军600余人。我方伤亡200余人,第7团政治委员徐世奎牺牲
皖南反"扫荡"作战	1940年10月5日至11日	安徽省左坑、枫坑、泾县等地	新四军第三支队和第1、3团、军教导队、特务营	日军第15、第116师团各一部及伪军共1万余人	歼日伪军近3000人,粉碎了日伪军的"扫荡"
张家浜战斗	1940年12月23日	江苏省吴县	江南抗日救国军第三纵队	驻苏州日军第17师团第81联队200余人	敌伤亡惨重。我方伤亡20余人
渡船头、环潭战斗	1941年3月10日	江苏省常熟县	江南抗日救国军第一纵队	苏州常熟日军81联队及伪军共800余人	毙伤日伪军60余人。我方伤亡150余人
金牛山战斗	1941年4月17日	江苏省六合县金牛山地区	新四军第2师第4旅第12团等部	驻扬州日军独立第2旅团和仪征等地日伪军700余人	毙伤日军200余人、伪军300余人,俘日军2人、伪军30余人,缴获轻机枪5挺、步枪40余支、掷弹筒2个。我方亡54人,伤64人

战役战斗名称	作战时间	作战地点	我方参战兵力	敌方参战兵力	作战结果
大胡庄战斗	1941年4月26日	江苏省淮安县	新四军第3师第8旅第24团第2连	驻涟水日伪军700余人	毙伤日伪军100余人。我方第24团第2连83人除1人重伤幸存外，全部牺牲
淮南津浦路东反"扫荡"战斗	1941年5月28日至6月3日	淮南半塔集、竹镇集等地	新四军第2师第4旅和第5旅各一部	日军第15师团和第12旅团各一部、伪4师一部共5000余人	歼灭日伪军500余人。我方伤59人，亡39人，共计伤亡98人
苏北、苏中夏季反"扫荡"战斗	1941年7月20日至8月20日	江苏省盐城、阜宁县一带	新四军第3师、第1师主力	日军独立第12混成旅团和伪军共1.7万余人	毙伤日伪军1931人，俘日军15人，伪军1074人，击沉汽艇13艘。我方伤亡372人
苏南反"清乡"战斗	1941年7月1日至12月	江苏省溧阳、江阴、无锡、常熟地区	新四军第6师第16旅、18旅	日军第15师团和伪军各一部共1.3万余人	毙伤日伪军500余人，取得了包巷、延陵等战斗胜利。我方指战员270余人牺牲
裕华镇战斗	1941年8月15日至16日	江苏省裕华镇（今大丰县东）	新四军第1师第2旅一部	日军、伪军据点各一座的驻军	共歼日军70余人、伪军400余人，俘日军7人、伪军160余人

战役战斗名称	作战时间	作战地点	我方参战兵力	敌方参战兵力	作战结果
高明庄战斗	1941年11月14日	江苏省如皋县以西高明庄、白家湾地区	新四军第4师第1旅第1团	日军独立第12旅团110余人，伪独立第11旅700余人	毙伤日军80余人，伪军300余人。我方亡130余人，伤200余人
丰利反"扫荡"战斗	1941年12月7日	江苏省如东县	新四军第3旅第8团	日军第12旅团、伪军第33师各一部共4000余人	歼灭日军一个中队和伪军一个团
侏儒山战役	1941年12月7日至1942年2月4日	湖北省汉川、汉阳、沔阳三县边境地区	新四军第5师第15、13旅及天汉地方武装	日军第40师团一部及伪定国军第1师、第2师7000余人	歼灭伪定国军第1师5000余人，击溃第2师1000余人，毙伤日军200余人，俘伪军950余人。我方第15旅副旅长朱立文牺牲
扎埠伏击战	1941年12月11日	江苏省沭阳县	新四军淮海军区沭河大队	日军第171师团及伪军各一部	毙伤日军50余人，伪军50余人
攻克丰利战斗	1941年12月24日至30日	江苏省如东县	新四军第1师第1旅第2、第3团，第3旅第7团	日军100余人，伪军近千人	毙伤日伪军800余人，攻克丰利

战役战斗名称	作战时间	作战地点	我方参战兵力	敌方参战兵力	作战结果
三仑伏击战	1942年5月12日	江苏省淮阴县	新四军第2师第4旅第12团	日伪军400余人，增援的日伪军200余人	毙伤日伪军100余人，俘日军5人。我方伤亡123人
十八垛河伏击战	1942年5月15日	江苏省海门县	新四军第1师第3旅第7团第1营	由悦来镇出动的日伪军160余人	毙伤日军80余人，伪军40余人。我方伤亡11人
斜桥伏击战	1942年6月3日	江苏省海门县	新四军第1师第3旅第7团	日军第12旅团、伪军第32师各一部共计2000余人	毙伤日军70余人，伪军100余人，生俘日军3人、伪军30余人，缴获92式步兵炮1门。我方伤亡28人
蜈蚣岭战斗	1942年6月10日	湖北省西流河以南	新四军第5师第43团	日军及伪定国军教导团和伪第2师共1000余人	毙伤日军20余人，俘伪军400余人，缴获伪军工厂存放的步枪和轻、重机枪4000余支
陂安南反"扫荡"战斗	1942年6月29日至7月1日	湖北省黄陂、黄安（今红安）县南部	新四军第5师第一军分区部队及陂安南地方武装	日伪军2000余人	毙伤日伪军430余人，粉碎了日伪军的"扫荡"
庄山战斗	1942年9月7日至9日	浙江省余姚县、慈溪县	浙东三北游击司令部第三、第五支队	日伪军700余人	毙伤日伪军200余人

续表

战役战斗名称	作战时间	作战地点	我方参战兵力	敌方参战兵力	作战结果
谢家渡战斗	1942年9月25日至26日	江苏省南通县东北部二窎镇东南	新四军第1师第3旅第7团、南通警卫团支援	日军独立第12混成旅团第52大队及驻谢家渡伪军	歼灭日军110人，俘日军3人。我方伤30人，亡26人
浙东三北反"扫荡"战斗	1942年10月8日至26日	浙江省余姚县、慈溪、镇海县北部	浙东三北瓣击司令部第三、四、五支队及特务大队等	日军一部及伪第10师一个营	毙日军60余人，俘伪军200余人，缴获轻机枪4挺及其他武器
佃湖战斗	1942年11月9日	江苏省阜宁县	新四军第3师第8旅第22团及涟东总队	日军达子万联队及伪军第36师各一部共800余人	击毙日军中队长以下40余人、伪军60余人
淮海军民反"扫荡"作战	1942年11月14日至12月中旬	江苏省沭阳县以南小胡庄、陈圩、张圩地区	新四军第3师第10旅和第7旅一部	日军第17师团1个旅团及伪军第36师共7000余人	歼日伪军500余人
淮北军民反"扫荡"作战	1942年11月14日至1942年12月16日	安徽省洪泽湖以西半城、青阳等地	新四军第4师主力	日军第17师团第13混成旅团各一部及伪军第15、第28师等部共7000余人	毙伤日伪军578人，俘日伪军272人。我方亡73人，伤346人

战役战斗名称	作战时间	作战地点	我方参战兵力	敌方参战兵力	作战结果
大悟山军民反"扫荡"战斗	1942年12月15日至17日	湖北省礼山（今大悟）县北部一带	新四军第5师机关警卫部队及第37团全部、第45团和第一、第二军分区地方武装	日军第3师团、第40师团及伪军第11师各一部共1万余人	歼日伪军200余人。我方伤32人，亡28人，被俘6人
杨家河、高庙反"扫荡"战斗	1942年12月16日	湖北省应城县	新四军第5师第13旅第38团	日伪军驻安陆、应城之第58师团600余人	毙伤日军官兵100余人、伪军10余人。我方伤亡100余人
花山战斗	1942年冬	安徽省和县西北	新四军第7师和含独立团	日军500余人	击毙日军80余人。第5连连长王志树牺牲
盐阜反"扫荡"作战	1943年2月14日至4月10日	江苏省盐城、阜宁地区	新四军第3师第7旅、第8旅等部	日军第15、第17、第35师团及独立第12混成旅团各一部和部分伪军共2万余人	攻克据点50余处，毙伤日伪军1070余人，俘日伪军780余人。我方伤亡800人，失散450人
钱集战斗	1943年2月22日	江苏省沭阳县南	新四军第3师第7旅与淮海军分区部队各一部	日伪军据点及增援日伪军近1000人	共歼日伪军约800人。我方无一伤亡

续表

战役战斗名称	作战时间	作战地点	我方参战兵力	敌方参战兵力	作战结果
皖中反"扫荡"作战	1943 年 3 月 17 日 至 4 月 30 日	安徽省巢县、无为地区	新四军第 7 师沿江支队	日军第 116 师团、第 115 师团各一部、伪军第二军一部	攻克无为县以东三官殿、汤家沟等据点，破坏了淮南铁路，歼日伪军 300 余人。我方伤亡 200 余人
刘老庄战斗	1943 年 3 月 18 日	江苏省淮阴县	新四军第 3 师第 7 旅第 19 团第 4 连	日军 1000 余人	歼日军 170 余人。我方第 4 连官兵 82 人全部牺牲
单家港战斗	1943 年 3 月 19 日	江苏省阜宁县	新四军第 3 师第 8 旅第 22 团	日军 500 余人	毙伤日军 240 人。我方亡 52 人，第 22 团副团长童世明牺牲
陈集战斗	1943 年 3 月 25 日	江苏省阜宁县	新四军第 3 师第 8 旅第 23 团及 22 团、旅侦察队配合	日军第 35 师团驻陈集据点 90 余人	歼日军 80 余人，俘日军 3 人，缴重机枪 5 挺、掷弹筒 3 个、步枪 55 支、手枪 1 支。我方亡 32 人，伤 122 人
八滩战斗	1943 年 3 月 30 日	江苏省阜宁县北八滩镇（今滨海县）	新四军第 3 师第 8 旅第 24 团及师特务营	日军第 35 师团山本太郎中队 110 余人及伪军	毙日军 50 余人，伤 29 人，俘 1 人。我方亡 24 人，伤 112 人

战役战斗名称	作战时间	作战地点	我方参战兵力	敌方参战兵力	作战结果
洋河镇战斗	1943年4月24日	江苏省泗阳县洋河镇	新四军第4师主力	日军第17师团53联队及伪军	毙伤日伪军400余人
苏中反"清乡"及延期"清多"战斗	1943年4月至12月底	江苏省如皋、南通、海门、启东地区	军区第四军分区	日军小林师团菊池联队四个大队约计3000人,四个清乡保安大队、伪第34师、伪第22师一部计9000余人	毙伤日军609人、伪军375人、投诚日军5人、伪军1705人,锄奸(包括警、特、坐探、汉奸等)共计1465人。我方伤亡官兵331人、地方干部89人,被捕地方干部120人,群众被杀1026人,被抓6000余人,被烧房子5000余间
塘沟袭击战	1943年5月16日至24日	江苏省沭阳县	苏北军区淮海军分区独立1团、独立2团、特务营和第3师第7旅第20团	驻唐沟日伪军及新浦、淮阴、涟水来援日伪军	毙日军40人、伪军30人,伤日军65人、伪军15人,俘伪军12人,投降伪军200余人。我方伤105人,亡58人
鄂西袭击战	1943年5月至6月	湖北省监利、沔阳、满江县	第5师第14、第15旅及第三军分区各一部	驻监利、沔阳、潜江日伪军	攻克据点11处,毙伤日伪军2900余人,俘伪军700余人

续表

战役战斗 名称	作战时间	作战地点	我方参战 兵力	敌方参战 兵力	作战结果
桂子山 战斗	1943 年 8 月 17 日	江苏省六 合县八百 桥与安徽 省来安县 雷官集间	新四军第 2 师第 5 旅 第 13 团	日军第 6 师 团一个大队 及伪军共 700 余人	毙伤日伪军 180 余人,俘 日军 5 人。我 方伤亡 260 余人
林桥战斗	1943 年 10 月 19 日	江苏省涟 水县	新四军第 7 旅第 19 团	日军第 65 师团及伪 军各一部	毙伤日军 80 余人,伪军 120 余人
溧阳、高 淳战斗	1943 年 11 月 22 日	江苏省溧 阳、高淳县	新四军第 6 师第 16 旅	日军第 61 师团、伪 军第 3 师	先后攻克新 桥、邰村、漆 桥等日伪据 点,俘伪军 160 余人,击 毙日伪军 40 余人
石港伏 击战	1943 年 11 月 29 日	江苏省南 通县北	新四军苏 中军区第 四军分区 南通警 卫团	日军"机 动清剿队"	击毙日军 7 人, 伤日军 10 人
钦工南侧 遭遇战	1943 年 12 月 17 日	江苏省淮 安县城东 北	新四军第 3 师第 19 团	清江、淮 安日伪军 400 余人	毙伤日军 30 余人
车桥战役	1944 年 3 月 5 日 至 13 日	江苏省淮 安县	新四军第 1 师第 1、第 7 团、第 52 团及泰州 独立团等, 第 3 师一部 配合	日军第 65 师团第 72 旅团一部、 伪军一个 大队	歼日军 465 人 (内俘 24 人)、 伪军 483 人, 攻克据点 12 处。我方伤亡 官兵 238 人

续表

战役战斗名称	作战时间	作战地点	我方参战兵力	敌方参战兵力	作战结果
淮北军区春季攻势	1944年3月16日至5月5日	安徽省泗县、灵璧县和江苏省睢宁县	新四军第4师兼淮北军区部队	日军第65师团及伪军第15师各一部	攻克据点51处,歼日军80余人,毙俘伪军1819人,收复泗县、灵璧、睢宁、宿迁之间广大地区。我方亡91人,伤292人
杭村战斗	1944年3月29日	安徽省广德县北	新四军第6师第16旅	日军南浦旅团小林中队及伪军一个大队	毙伤日伪军70余人,缴获92式步兵炮1门
高流、程庄战斗	1944年5月10日至14日	江苏省新沂县	苏北军区淮海军区第三支队	驻高流、程庄日伪军,其中伪军各一个大队	攻克高流、程庄据点,毙日军14人,伪军24人,伤日军23人、伪军16人。我方伤40人,亡18人
龙王山战斗	1944年5月23日	湖北省黄陂县	新四军第5师第一、第四军分区第40、第42团及陂安南地方武装	伪第11师第32团和师直属队配合日军共2000人	毙伤日伪军105人,击伤伪师长李宝连,俘日军顾问渡部八次郎和伪团军需主任、营长以下官兵32人。我方亡12人,伤34人

续表

战役战斗名称	作战时间	作战地点	我方参战兵力	敌方参战兵力	作战结果
海河滩战斗	1944年6月23日	江苏省如东县	新四军第1师第3旅第7团	日军菊池联队及伪军第34师各一部	全歼日军一个中队，伪军一个大队，击毙100余人、伪军100余人，俘日军14人、伪军200余人
南坎战斗	1944年6月26日	江苏省如东县南坎镇	新四军第1师第3旅主力	日军丹木中队及伪军一部	击毙日军22人，伤13人，俘日军2人，伪军93人。我方亡20余人，伤55人
大兴镇、合顺昌战斗	1944年6月29日	江苏省射阳县	新四军第3师第7旅和盐阜地方武装	日军警备部队及伪军山东海防第三军第二纵队各一部	毙伤日军78人，伪军74人，俘日军6人、伪军196人。我方伤91人，亡46人
大鱼岛战斗	1944年8月25日	浙江省岱山以西	新四军浙东游击纵队海防大队1中队	日军海军陆战队200余人，伪军300余人，并由海、空军掩护	毙伤日伪军近百人。我方42人牺牲
林宫渡战斗	1944年9月9日	江苏省泗阳县	新四军第3师第10旅第二、第四支队	日军金井中队及伪军一部	毙日军中队长金井以下63人，俘4人，毙伤伪军54人，俘45人

续表

战役战斗名称	作战时间	作战地点	我方参战兵力	敌方参战兵力	作战结果
合德镇战斗	1944年10月19日至20日	江苏省射阳县	新四军第3师第8旅第22、24团及特务营	日军原田大队一部、伪阜宁海防队少将司令顾景班所部及其他杂牌伪军共660余人	歼日伪军300余人（内俘日军4人、伪军177人），击毙顾景班。我方伤亡70余人，第22团团长陈发鸿牺牲
和含地区反"扫荡"作战	1944年10月28日至31日	安徽省和县、含山地区	新四军第7师和含支队	驻南京日军400余人，伪军警卫第2师两个营	毙伤日伪军200余人，粉碎了"扫荡"。我方伤14人，亡2人
扬中战斗	1944年11月19日	江苏省扬中县老郎街、油坊桥、八字桥、大泡子、兴隆镇等	新四军苏中军区第五军分区部队	日军独立第90旅团、伪第二方面军各一部	攻克日伪军据点5处，毙日军20余人、伪军30余人，俘日军小队长1人、伪军200余人
淮海区军民反"扫荡"作战	1944年12月3日至12日	江苏省灌南、阜宁、涟水等县地区	新四军第3师第10旅第一、第二、第三支队，第8旅	日军第65师团、伪军孙良诚、潘于臣等部	毙伤日军147人、伪军622人，俘日军2人、伪军284人，粉碎了敌人的"扫荡"。我方伤334人，亡136人，失踪5人

续表

战役战斗名称	作战时间	作战地点	我方参战兵力	敌方参战兵力	作战结果
大伊山战斗	1944年12月6日	江苏省灌云县	新四军第3师第10旅第一、二、三支队及师独立团	灌云县保安第一、二大队,日军十余人	歼日伪军300余人,攻克大伊山。我方亡80余人
羊山头战斗	1944年12月22日	安徽省六合县	新四军第2师来安支队	日军一个小队,伪军两个步兵连、一个机枪连	毙日军8人,伤伪军官兵25人,俘伪军173人。我方亡10人,伤18人
叶圩子、王圩、渔沟、耿团庄、周庙等战斗	1945年2月12日至13日	江苏省淮阴、涟水、沭阳县	新四军第3师第10旅兼淮海军分区第一支队主力和第四支队一部	日军第113师团及伪军第28师各一部	击毙日军38人、伪军49人,俘日军9人、伪军422人
淮南春季作战	1945年2月14日至5月	江苏省扬州以北、高邮湖西岸	新四军第2师和地方武装	日军山本旅团1000余人及伪军各一部	历时两个多月,先后作战24次,击毙日伪军共260余人,俘日军4人、伪军525人,粉碎了进攻

续表

战役战斗名称	作战时间	作战地点	我方参战兵力	敌方参战兵力	作战结果
合水战斗	1945 年 4 月 13 日	河南省西平县	新四军第 5 师河南挺进兵团第 2 团	日军松木部、伪军第 2 师张国威部	全歼伪军第 2 师，击毙日军遂平、西平、舞阳三县指挥官松木，生俘伪军第 2 师师长兼招抚司令张国威、伪四县联防司令吴寿亭等。我方伤 1 人
淮北军区部队春季攻势	1945 年 4 月 15 日至 5 月 15 日	淮北苏皖边区	新四军第 9 旅主力及淮北军区部队	日军第 65 师团及伪徐州绥靖军各一部	攻克日伪军据点 21 处，毙伤日军小队长、伪军 550 余人，俘伪军 2500 余人
三垛伏击战	1945 年 4 月 28 日	江苏省高邮	新四军苏中军区第 52 团和高邮、江都县独立团等部	日军两个中队、伪军第 5 集团军独立团	歼日伪军 1800 余人，俘日军 7 人，伪军 900 余人。我方伤 173 人，亡 78 人
盛家湾战斗	1945 年 7 月下旬	安徽省巢县盛家湾	新四军第 7 师第 19 旅	伪军第 4 师和日军各一部	共歼、俘伪第 4 师第 12 团 300 余人，击毙日军 20 余人

续表

战役战斗名称	作战时间	作战地点	我方参战兵力	敌方参战兵力	作战结果
无为战斗	1945 年 8 月 17 日	安徽省无为县	新四军第 3 师独立旅第三支队	日军一个小队 30 余人，伪军一个大队 300 余人	歼日军 30 余人，俘伪军 300 余人及县政府人员。我方亡 41 人
浙东反攻作战	1945 年 8 月 17 日	浙江省宁波近郊及杭州湾南岸地区	新四军苏浙军区第二纵队	日军第六军团第 133 师团、伪军第十二军	攻克宁波近郊勤江桥、西城桥及杭州湾南岸的周巷、浒山、观海卫、庵东等市镇 30 余座

附　录

新四军 1938 年 2 月组织序列表

军　　　长　叶　挺
副　军　长　项　英
参　谋　长　张云逸
政治部主任　袁国平
副参谋长　周子昆
政治部副主任　邓子恢

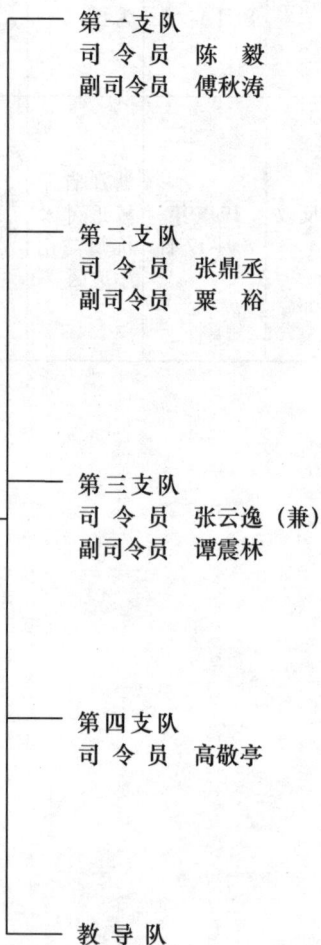

第一支队
司 令 员　陈　毅
副司令员　傅秋涛

第二支队
司 令 员　张鼎丞
副司令员　粟　裕

第三支队
司 令 员　张云逸（兼）
副司令员　谭震林

第四支队
司 令 员　高敬亭

教 导 队

新四军 1939 年 11 月组织序列表

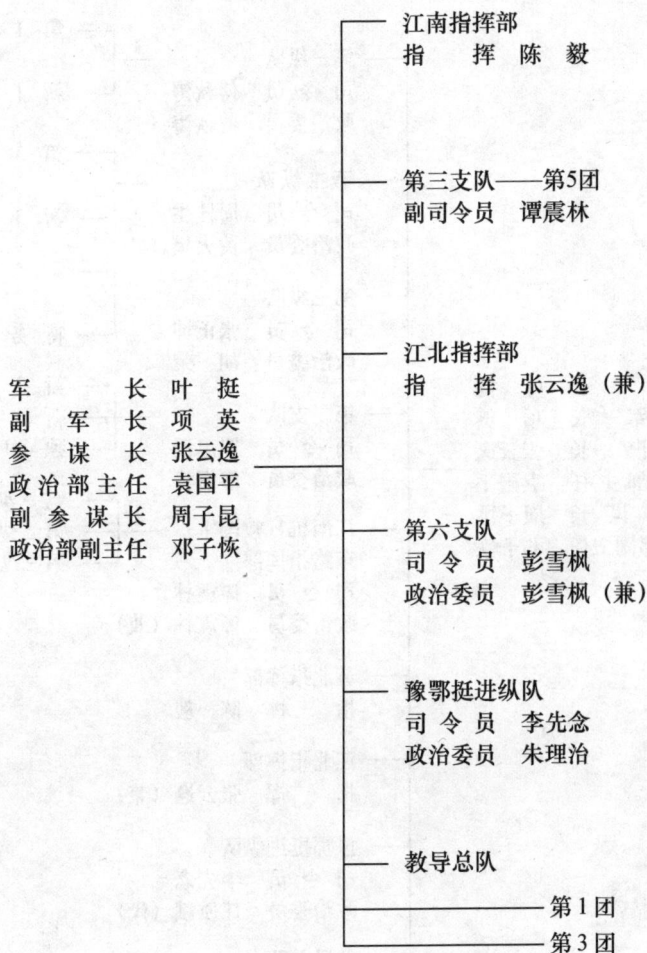

军　　　长　叶挺
副　军　长　项英
参　谋　长　张云逸
政治部主任　袁国平
副参谋长　周子昆
政治部副主任　邓子恢

- 江南指挥部
  指　挥　陈毅

- 第三支队——第5团
  副司令员　谭震林

- 江北指挥部
  指　挥　张云逸（兼）

- 第六支队
  司令员　彭雪枫
  政治委员　彭雪枫（兼）

- 豫鄂挺进纵队
  司令员　李先念
  政治委员　朱理治

- 教导总队
  - 第1团
  - 第3团

新四军 1940 年 12 月组织序列表

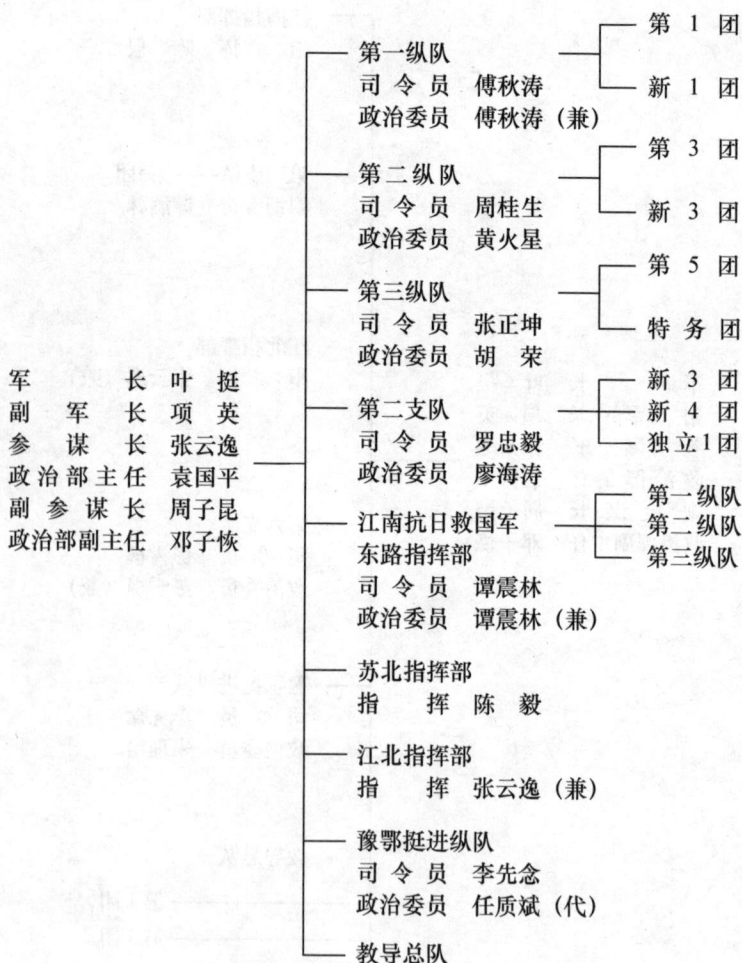

军　　　长　叶　挺
副　军　长　项　英
参　谋　长　张云逸
政治部主任　袁国平
副参谋长　周子昆
政治部副主任　邓子恢

- 第一纵队
  司　令　员　傅秋涛
  政治委员　傅秋涛（兼）
  - 第 1 团
  - 新 1 团
- 第二纵队
  司　令　员　周桂生
  政治委员　黄火星
  - 第 3 团
  - 新 3 团
- 第三纵队
  司　令　员　张正坤
  政治委员　胡　荣
  - 第 5 团
  - 特 务 团
- 第二支队
  司　令　员　罗忠毅
  政治委员　廖海涛
  - 新 3 团
  - 新 4 团
  - 独立 1 团
- 江南抗日救国军东路指挥部
  司　令　员　谭震林
  政治委员　谭震林（兼）
  - 第一纵队
  - 第二纵队
  - 第三纵队
- 苏北指挥部
  指　　挥　陈　毅
- 江北指挥部
  指　　挥　张云逸（兼）
- 豫鄂挺进纵队
  司　令　员　李先念
  政治委员　任质斌（代）
- 教导总队

华中新四军八路军总指挥部
1940 年 11 月组织序列表

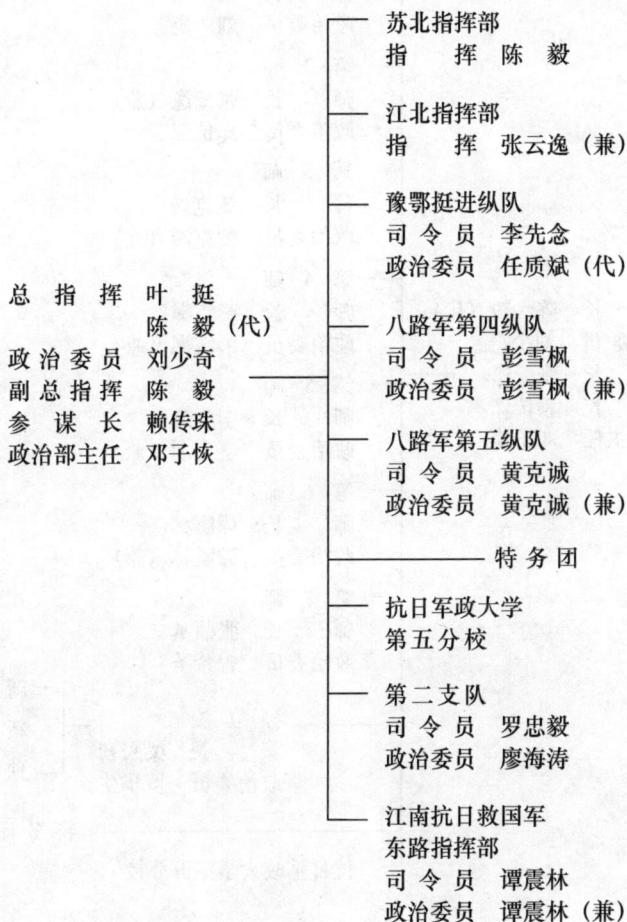

总 指 挥　叶　挺
　　　　　陈　毅（代）
政 治 委 员　刘少奇
副 总 指 挥　陈　毅
参 谋 长　赖传珠
政治部主任　邓子恢

— 苏北指挥部
　　指　挥　陈　毅

— 江北指挥部
　　指　挥　张云逸（兼）

— 豫鄂挺进纵队
　　司 令 员　李先念
　　政治委员　任质斌（代）

— 八路军第四纵队
　　司 令 员　彭雪枫
　　政治委员　彭雪枫（兼）

— 八路军第五纵队
　　司 令 员　黄克诚
　　政治委员　黄克诚（兼）

———————— 特 务 团

— 抗日军政大学
　第五分校

— 第二支队
　　司 令 员　罗忠毅
　　政治委员　廖海涛

— 江南抗日救国军
　东路指挥部
　　司 令 员　谭震林
　　政治委员　谭震林（兼）

新四军 1941 年 3 月组织序列表

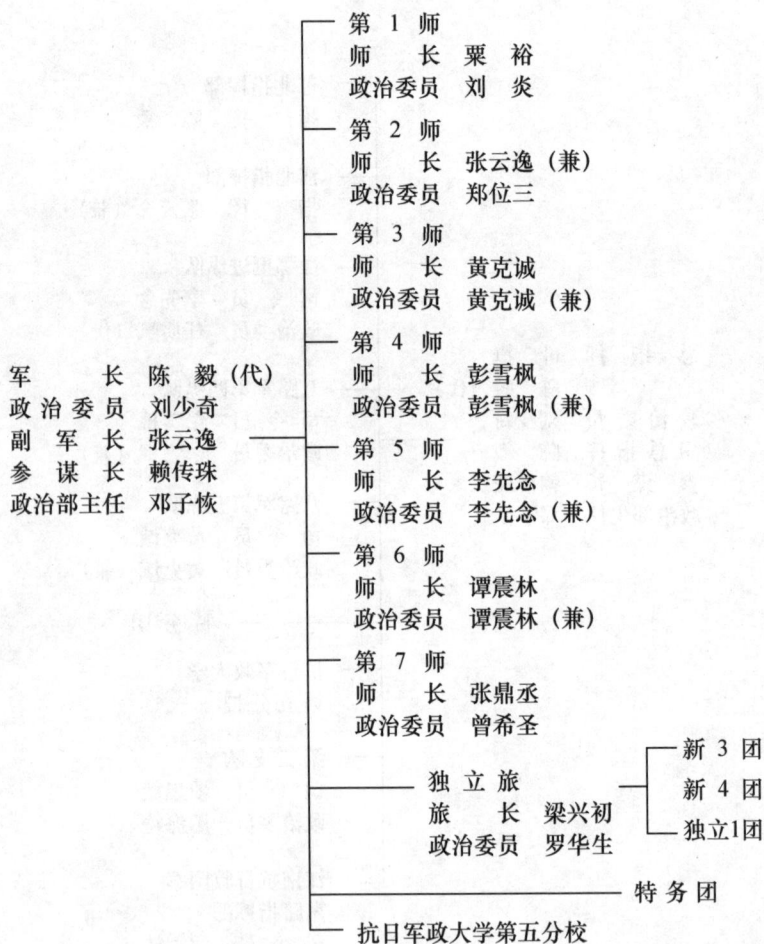

```
                                  ┌─ 第 1 师
                                  │  师   长  粟  裕
                                  │  政治委员  刘  炎
                                  ├─ 第 2 师
                                  │  师   长  张云逸（兼）
                                  │  政治委员  郑位三
                                  ├─ 第 3 师
                                  │  师   长  黄克诚
                                  │  政治委员  黄克诚（兼）
                                  ├─ 第 4 师
军   长  陈  毅（代）            │  师   长  彭雪枫
政治委员  刘少奇                 │  政治委员  彭雪枫（兼）
副 军 长  张云逸 ──────────────┤
参 谋 长  赖传珠                 ├─ 第 5 师
政治部主任  邓子恢               │  师   长  李先念
                                  │  政治委员  李先念（兼）
                                  ├─ 第 6 师
                                  │  师   长  谭震林
                                  │  政治委员  谭震林（兼）
                                  ├─ 第 7 师
                                  │  师   长  张鼎丞
                                  │  政治委员  曾希圣
                                  │                              ┌─ 新 3 团
                                  ├─ 独 立 旅 ──────────────────┤   新 4 团
                                  │     旅   长  梁兴初           └─ 独立1团
                                  │     政治委员  罗华生
                                  ├──────────────────────────────── 特 务 团
                                  └─ 抗日军政大学第五分校
```

新四军 1943 年 12 月组织序列表

军　　长　陈　毅（代）
政治委员　饶漱石（代）
副 军 长　张云逸
参 谋 长　赖传珠

- 第1师兼苏中军区
  师　　长　粟　裕
  司 令 员　粟　裕（兼）
  政治委员　粟　裕（兼）

- 第2师兼淮南军区
  师　　长　罗炳辉
  司 令 员　罗炳辉（兼）
  政治委员　谭震林（兼）

- 第3师兼苏北军区
  师　　长　黄克诚
  司 令 员　黄克诚（兼）
  政治委员　黄克诚（兼）

- 第4师兼淮北军区
  师　　长　彭雪枫
  司 令 员　彭雪枫（兼）
  政治委员　邓子恢（兼）

- 第 5 师
  师　　长　李先念
  政治委员　郑位三

- 第7师兼皖江军区
  师　　长　谭希林（代）
  司 令 员　谭希林（兼）
  政治委员　曾希贤

- 浙东游击纵队
  司 令 员　何克希
  政治委员　谭启龙

- 特 务 团

新四军 1945 年 7 月组织序列表

军　　长　陈　毅（代）
政 治 委 员　刘少奇
副 军 长　张云逸
参 谋 长　赖传珠
政治部主任　邓子恢

— 苏浙军区
　司 令 员　粟　裕
　政治委员　谭震林

— 苏中军区
　司 令 员　管文蔚
　政治委员　陈丕显

— 第2师兼淮南军区
　师　　长　罗炳辉
　司 令 员　罗炳辉（兼）
　政治委员　谭震林

— 第3师兼苏北军区
　师　　长　黄克诚
　司 令 员　黄克诚（兼）
　政治委员　黄克诚（兼）

— 第4师兼淮北军区
　师　　长　张爱萍
　司 令 员　张爱萍（兼）
　政治委员　邓子恢

— 第5师兼湘鄂豫皖军区
　师　　长　李先念
　司 令 员　李先念（兼）
　政治委员　郑位三

— 第7师兼皖江军区
　师　　长　谭希林（代）
　司 令 员　谭希林（兼）
　政治委员　曾希圣

— 特 务 团